社労士のための

助成金申請

リスク…ジ

マ…アル

不支給・不正受給を防ぐ！

社会保険労務士法人
アンブレラ
伊藤泰人［著］

日本法令®

まえがき

当社は、令和２年４月から助成金の申請代行業務を始め、申請した延べ件数は累計で１万件超となりました。多くの企業の助成金申請代行をしてきましたが、不正申請をしたことは当然ありませんし、労働局から不正申請の疑いをかけられるような経験をしたこともありません。

助成金申請のリスクといえば、以前はうっかり申請条件を間違えて助成金が不支給になり、代行していた企業から損害賠償を求められるような事態を指していました。うっかりミスは、どんなに高性能のシステムを活用しても、人が入力をする作業がある限りは発生する可能性が残ります。入力ミスがあれば助成金の不支給につながり、そのリスクを100％回避することはできません。

ただ、ここ数年で助成金申請のリスクの様相が変わってきました。特に**雇用調整助成金**や**キャリアアップ助成金**などの助成金の支給申請件数が増えるとともに、不正申請に社労士が関与し、刑事罰を受けるリスクが発生するようになってきました。ときどき、面識のある社労士が不正申請に関わったとして厚生労働省のホームページで氏名が公開されているのを見ると、他人事とは思えません。

不正に手を染めるきっかけは、社労士が主導で不正を行う場合、あるいは、顧客や営業代行会社などの民間企業に唆されて不正を行う場合など様々です。特に、顧客を自力で開拓できない社労士、あるいは顧客をコントロールできない社労士など、いわゆる「負け組社労士」が不正申請に巻き込まれています。

本来、開業社労士にとって助成金の申請代行は、高収入を得ることができる独占業務のうちの１つです。本書では、開業社労士、これから開業を予定している社労士、顧問社労士がいる企業担当者向けに、情報が少ない助成金の不正受給リスク、申請ミスによる不支給リスクについて、著者の体験をもとに解説しています。

助成金申請のリスクを理解し、確実に助成金を受給するための参考になれば幸いです。

令和５年 12 月

伊藤 泰人

本書をお読みになる際のご注意

1．社労士が大企業から助成金の申請代行を受注するケースは少ないため、本書で記載している助成金額は、中小企業の助成金額になっています。ご注意ください。

2．本書は令和5年12月31日時点の情報で執筆しています。

3．助成金は不定期に変更されるので、変更が出たときは著者の無料メルマガ「開業社労士向けの最新助成金情報」で変更情報をご案内します。

　以下のURLまたはQRコードから「苗字」と「メールアドレス」を入力してください。いつでもメール配信は解除できますので、お気軽にご登録ください。

URL ▻ https://resast.jp/subscribe/73379

目次

第３章
雇用調整助成金の申請代行をした社労士必携！
労働局調査対策マニュアル

第４章
「ホワイト」な助成金申請コンサルティング
五大ポイント

第５章
知らないと不支給になる
「人気の五大助成金」申請ポイント

第1章

「ホワイト社労士」を
「ブラック社労士」へ転落させた
雇用調整助成金の功罪

1 助成金史上 最大の支給額、最大の不正申請額

雇用調整助成金は、もともと企業向けに、社員に対する休業手当の負担を軽減するために設けられていました。

令和２年、新型コロナウイルス感染症が世界中で大流行を引き起こすと、企業とその社員を支援するための助成金として急速に注目を集めました。当初、手続きは企業が計画届を提出し、審査を受けるという一般的なスタイルで進められていましたが、審査の遅延に対する多くの苦情が寄せられました。そこで、政府は手続きを緩和した特例措置として、計画届を不要とし、その他の添付書類も大幅に省略しました（▷図表１－１)。この特例措置によって、申請書を労働局に提出してから受給まで数か月かかっていたのが、１か月程度で助成金を受け取れるようになりました。

さらに、これまで雇用保険に加入していなかった企業に対しても、「遡及して雇用保険に加入すれば助成金が支給される」という特例が設けられました。従来、雇用調整助成金は、雇用保険に６か月以上加入している社員しか対象になりません。遡及加入しても助成金を支給するという前例のない特例措置の導入により、助成金の申請件数は飛躍的に増加し、助成金の支払総額は５兆9,870億円（令和５年５月末）となりました。

▷緊急事態宣言に伴う新型コロナウイルス感染症にかかる雇用調整助成金の特例措置の対応　[図表１－１]

通常時	新型コロナウイルス感染症特例措置 （令和３年５月１日～12月31日まで）	新型コロナウイルス感染症特例措置 （令和４年１月１日～２月28日まで）	新型コロナウイルス感染症特例措置 （令和４年３月１日～９月30日まで）
経済上の理由により、事業活動の縮小を余儀なくされた事業主	新型コロナウイルス感染症の影響を受ける事業主	同左	同左
生産指標要件：3か月10%以上低下	生産指標要件を緩和：1か月5%以上低下	同左	同左
被保険者が対象	雇用保険被保険者でない労働者の休業も助成金の対象	同左	同左
休業の助成率：2/3（中小）1/2（大企業）	休業の助成率　中小：4/5（9/10） 大企業：2/3（3/4） ※地域特例、業況特例の対象 中小・大企業4/5（10/10）	同左	同左
休業・教育訓練の助成額の上限額は8,265円	休業・教育訓練の助成額の上限額　**13,500円** ※地域特例、業況特例の対象上限額　**15,000円**	休業・教育訓練の助成額の上限額　**11,000円** ※地域特例、業況特例の対象上限額 **15,000円**	休業・教育訓練の助成額の上限額　**9,000円** ※地域特例、業況特例の対象上限額 **15,000円**
計画届は事前提出	計画届の提出　撤廃	同左	同左
1年のクーリング期間が必要	クーリング期間　撤廃	同左	同左
6か月以上の被保険者期間が必要	被保険者期間要件　撤廃	同左	同左
支給限度日数　1年100日、3年150日	同左＋上記対象期間（別枠扱い）	同左	同左
短時間一斉休業のみ 休業規模要件：1/20（中小）1/15（大企業）	短時間休業要件　緩和（一斉でなくても可） 休業規模要件：1/40（中小）1/30（大企業）	同左	同左
残業相殺	残業相殺　停止	同左	同左
教育訓練が必要な被保険者に対する教育訓練 助成率：2/3（中小）1/2（大企業） 加算額：1,200円	教育訓練の助成率　中小：4/5（9/10） 大企業：2/3（3/4） ※地域特例、業況特例の対象 中小・大企業4/5（10/10） 加算額：2,400円（中小）1,800円（大企業）	同左	同左
出向期間要件：3か月以上1年以内	出向期間要件：1か月以上1年以内	同左	同左

厚生労働省　職業安定分科会雇用保険部会「雇用保険制度の財政運営」より

しかし、これが不正申請のパンドラの箱を開けてしまったともいえます。

平成23年３月発生した東日本大震災時にも、雇用調整助成金は利用されていましたが、計画書を提出してから助成金の支給申請をする原則スタイルは緩和されませんでした。面倒な事務処理をしないと助成金が支給されなかった東日本大震災時でも、多数の企業が不正申請を行っていたので、コロナ禍で行われた大幅な申請条件の緩和は、不正申請が大量に行われる可能性を高めました。

労働局もこのリスクを当初から懸念していたため、助成金の支給申請書の内容が怪しいと思われる事業所に対しては、とりあえず助成金の支給を優先し、後で現地調査を行って検証するという方針を採りました。実際に、助成金の支給が一段落してきた令和４年以降、疑わしいとされた事業所に対しては優先的に現地調査が行われ、現在数々の不正申請が摘発されています。

３年以上にわたる雇用調整助成金の累計支給総額は、史上最高額の５兆9,870億円となりました。そして、未だに調査が継続中のため、不正申請の全体像は明らかにされていませんが、東京商工リサーチの分析では、全国の労働局が令和５年10月31日までに雇用調整助成金の不正申請で公表した実質企業数（個人事業主含む）は799社、不正受給金額は総額243億4,940万円に達しています。しかしながら、これは不正申請の氷山の一角に過ぎません。申請件数が多いため、労働局の調査は継続されています。時効になる寸前まで続くと思われるので、不正申請の数が増えることは確実です。

このような背景から、助成金の管理と適用には今後も厳しい目が向けられるでしょう。

▷雇用調整助成金の支給決定件数・支給決定額の推移

[図表１－２]

○雇用調整助成金の支給決定件数・支給決定額は、緊急事態宣言期間等には増加したものの、以降は減少傾向。

〈令和２年４月～令和５年７月の累計〉 ※令和５年７月末時点の数値で集計
・累計支給決定件数：629.7 万件
・累計支給決定額：５兆 9,870 億円（うち大企業：9,401 億円、中小企業：４兆 9,538 億円）
※企業規模不明が一定数存在

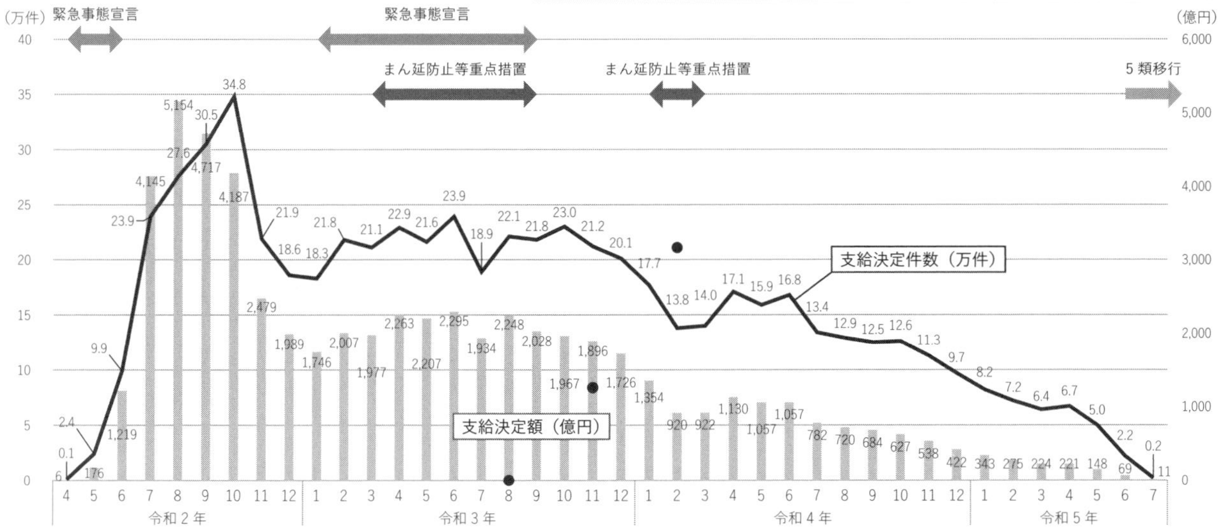

※支給決定件数、支給決定額は、新型コロナウイルス感染症の影響に伴う雇用調整助成金の特例措置及び通常の雇用調整助成金の数値。

厚生労働省　職業安定分科会雇用保険部会「雇用保険制度の財政運営」より

2 「ホワイト社労士」から「ブラック社労士」へ転落した社労士たち

令和２年４月頃には、コロナ禍で休業を強いられた企業のために、申請代行に前向きに取り組んでいた社労士（本書では「ホワイト社労士」と呼びます）もいました。

しかし、毎月のように数百万円の助成金が顧客に振り込まれ、その一部を代行報酬として受け取っていると、それが当然という感覚になってきます。コロナ禍による業績悪化により顧客企業の退職者が増え、退職者分の雇用調整助成金の支給申請額が減るのは仕方がないとはいえ、その社労士は、できれば前月と同じくらいの人数の助成金申請をして、代行報酬の額を維持したいと考えるようになるのです。

特例措置により、社員に給与を満額支給した給与明細と出勤日ゼロの出勤簿を提出すれば、助成金を満額受給できます。ところが、企業の休業日数が本来の所定労働日の半分であった場合は、事業主が社員に給与を満額支給したとしても、助成金額は出勤日ゼロのときの半分になってしまいます。単純に休業日数が減るため、助成金額も半減するのです。

▷休業日数と助成金額の関係　[図表１－３]

社員に支払う給与	出勤簿の記載	助成金額	申請内容
満額支給	所定労働日の半分勤務・半分休業	半額	正規
	所定労働日は全日休業と改ざん	満額	不正

※図表のように算定されるのは、令和５年３月31日までです。令和５年４月１日以降は通常の方法になります。

出勤簿の出勤日がゼロなら助成金は満額支給、実際の日数を記入すれば日数分を減額された額の支給です。社労士が「出勤簿だけ書き換えれば助成金額は満額支給になります」と事業主に悪魔のささやきをしたとき、コロナ禍でそれを断れる事業主はほとんどいませんでした。なぜなら、売上が下がっていて挽回したいという気持ちがあったり、他の新型コロナウイルス感染症対策の給付金をいろいろ受給していたりと、感覚が麻痺していたからです。

このようなことが全国で行われ、実際は勤務していたのに、全日休業したかのように出勤簿を改ざんして労働局に提出し、不正受給をする企業が大量に生まれました。

もちろん、ほとんどの社労士は、思ったとしても実際に不正を勧めるような行為をしたわけではありません。しかし、過去に経験したことのないような高額の代行報酬が毎月のように入ると、誘惑に負ける社労士も出てきました。事業主のほうも、平常心ではない状態なので、社労士から「出勤簿をちょっと調整するだけで助成金額が増える」と聞かされたら、同意してしまいます。このようにして「ホワイト社労士」から不正を働く社労士（本書では「ブラック社労士」と呼びます）に転落して、業務停止処分を受ける社労士が増加しました。

反対に、「出勤簿の改ざんをすれば助成金額が増える」という情報を聞いた事業主側から、社労士に不正申請を持ちかけるケースもあったといいます。最初は断った「ホワイト社労士」も、「今月だけだから」と押し込まれ、不正申請に手を染めてしまったという事例です。次第に深入りしていき、「ブラック社労士」として自分から他の事業主に不正を持ちかけるようになっていきました。

令和２年には、経済産業省も新型コロナウイルス感染症対策の新制度として**持続化給付金**を創設しました。この給付金は、前年と比較して一定以上売上などが下がれば受給できるものでした。手続きが簡単で申請しやすい給付金だったため、正当に申請する事業主だけでなく、売上を操作して給付金を受給する企業や個人が続出しました。

コロナ禍において、事業主の感覚は「もらえる給付金は、多少怪しいことをしても、もらわないと損」という方向に傾きました。その影響もあってか、雇用調整助成金でも「少し出勤簿を修正すれば、助成金を受給できる」と捉えられるようになってしまいました。罪の意識が希薄になり、不正申請を増加させる一因となりました。

3　一度申請したら、もう誰にも止められない 魅惑の雇用調整助成金でブラック化

資格学校のパンフレットなどで紹介されている社労士の年収は、厚生労働省の「賃金構造基本統計調査」をもとに算出しています（▷図表１－4）。この調査で、社労士の平均年収は、男女平均で500万円弱という結果が出ています（令和元年）。ただし、賞与が出ているので、これは開業社労士ではなく、勤務社労士の平均年収です。

▷職種・性別きまって支給する現金給与額、所定内給与額及び年間賞与その他特別給与額　[図表１－4]

区分	全国							
	年齢	勤続年数	所定内実労働時間数	超過実労働時間数	きまって支給する現金給与額	所定内給与額	年間賞与その他特別給与額	労働者数
	歳	年	時間	時間	千円	千円	千円	十人
社会保険労務士（男）	43.8	12.0	174	13	361.8	336.8	805.9	39
社会保険労務士（女）	46.3	15.9	163	8	286.2	271.4	905.9	21

「令和元年賃金構造基本統計調査　都道府県別第２表」より

開業社労士の年収については、大阪大学大学院が平成30年に実施した開業社労士向けのアンケート調査によると、年収の最高額と最低額に大きな差があります（▷図表１－5）。

▷ 2016 年度個人収入額（課税前、開業社労士）　[図表 1 － 5]

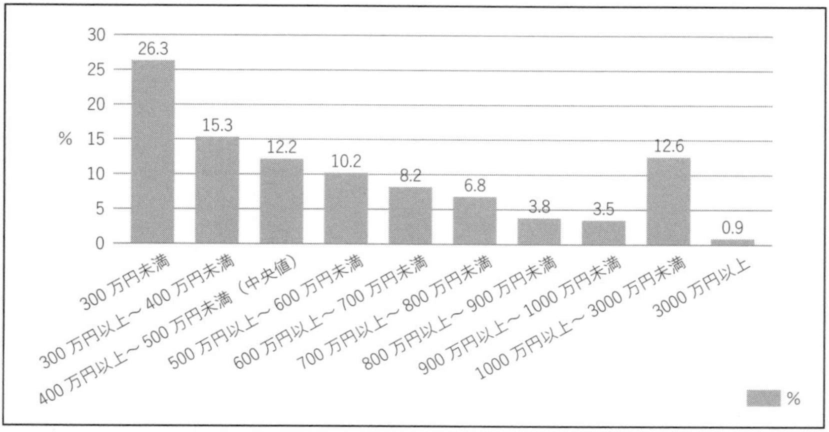

大阪大学大学院「第 2 部　社会保険労務士の業務展開についてのアンケート調査」より一部変更

開業社労士の 26.3％は、年収 300 万円未満です。4 人に 1 人が年収 300 万円に届かないというのは、厳しい現実です。年収 300 万円未満ということは、月収 25 万円未満ということですから、一人で生きていくのがやっとというレベルの収入です。難しい試験に合格して社労士として開業したのに、大卒の初任給レベルである月給 25 万円にも達しないのであれば、残念に思う人が大半でしょう（ワーク・ライフ・バランス等を考慮して、このような働き方を選択している人もいるとは思いますが、本書ではこうした社労士をあえて「負け組社労士」と呼ぶことにします）。

年収の最低額を見ると、社労士で開業して生計を維持することは難しそうに思えますが、実際には高額収入を得ている社労士も多いです。全体の 13.5％を占める社労士は年収 1,000 万円以上を得ており、さらに最上位の 0.9％、つまり社労士 1,000 人中 1 人は年収 3,000 万円以上を得ています（このような上位の社労士を本書では「勝ち組社労士」と呼ぶことにします）。このようなデータから、社労士は高収入も期待できる魅力的な職業だといえます。言い換えれば、開業社労士の収入は、スキルや努力、展開する戦略次第だと証明されたことになります。

資金が潤沢で余裕がある「勝ち組社労士」は社員を雇用しているので、不正申請をして業務停止に追い込まれるようなリスクを冒す可能性が低いといえます。一方で、資金に余裕がない「負け組社労士」は、比較的そういったリスクよりも売上を重視してしまう向きがあるかもしれません。「勝ち組社労士」と「負け組社労士」とでは、リスクへの感度がまったく違うということです。

4　コロナ禍で「勝ち組」になった社労士と「負け組」になった社労士

コロナ禍で社労士業界にも多くの変化が見られました。

そのような状況において、「勝ち組社労士」たちのなかには、企業が社員に支給する休業手当を補てんする雇用調整助成金をいち早く提案し、緊急の助成金セミナーをZOOMなどのオンラインを活用して積極的に開催する人が少なくありませんでした。この結果、既存顧客だけでなく、多くの未取引企業に対しても雇用調整助成金を提案でき、さらに新規顧客を増やしていきました。その上、「勝ち組社労士」たちは、既存顧客や新規顧客から雇用調整助成金の申請ができずに困っている企業を紹介してもらいました。宣伝費をかけずに、口コミだけで顧客をさらに増やしていくことができたのです。

ここからわかる通り、「勝ち組社労士」の共通の特長は、そのスピード感と柔軟性の高さです。新型コロナウイルス感染症により経済が停滞している緊急事態宣言下でも柔軟に対応し、他より早く雇用調整助成金の提案をしたことで、毎月10社以上もの新規顧客の獲得に成功した事務所もありました。

一方で、このような千載一遇のビジネスチャンスを逃してしまった「負け組社労士」が少なくなかったのも事実です。コロナ禍で市場には雇用調整助成金の申請代行を求める企業が行列を作っているような状態だったにもかかわらず、顧客を増やすことができなかったことには理由があります。それは、「顧問契約がある企業の依頼しか受けない」や「前金を支払うことが助成金申請代行の条件」など、条件付きでしか助成金の申請代行を受けなかったからです。もちろん、どのような営業方針をとるかは各人の自由ではありますが、その結果として、顧客を増やす絶好のビジネスチャンスを活かすことをしなかったとはいえそうです。

「勝ちに不思議の勝ちあり、負けに不思議の負けなし」という言葉がありますが、コロナ禍で売上がなく資金繰りが厳しい企業に対して「顧問契約」や「前金」のような条件を付けたら、助成金の申請代行を依頼しようとする企業がほとんどなくなることは明白です。コロナ禍で顧客が増えなかった社労士には、相応の理由があるということです。

5 他の社労士と「鼻の差」新規顧客を増大させた当社の雇用調整助成金対応

当社における、コロナ禍での雇用調整助成金の初動から顧客開拓までの取組みについてご紹介します。

当社は令和２年２月の時点で、雇用調整助成金の申請需要が高まると判断し、すぐに申請のための確認と顧客への提案を開始しました。当社では、平成23年３月に発生した東日本大震災のときに中小企業緊急雇用安定助成金（雇用調整助成金の中小企業版）の申請を経験していましたが、それから９年のブランクがありました。そのため、雇用調整助成金の申請についてハローワークや労働局の窓口で質問をして、計画書、支給申請書、添付書類の不明点を確認し、実際に助成金申請を始めるまでには労働局に確認することは何もない状態にしました。

その後、全国的に雇用調整助成金の申請が急増するとともに、ハローワークなどの労働局に電話しても、話し中で繋がらない状況になりました。その結果、多くの社労士は助成金申請の方法がわからないため、スタートでつまずきました。

一方で当社は、前述した通り、初動が迅速だったため、すぐに雇用調整助成金の申請への対応ができました。評判が高まって顧客が顧客を紹介する「紹介の連鎖」が起こって雇用調整助成金の申請代行の依頼が急増し、多くの新規顧客を獲得することができました。

おそらく、当社と他の社労士の雇用調整助成金に対する動き出しの違いは、1か月程度の差しかなかったと思います。最初に踏み出した一歩分のちょっとの差で、その後の新規顧客開拓において、一般的な動き出しをした多くの社労士と大きな差がつきました。

ちょっとの差というと、競馬用語で「鼻の差」というコトバがあり、1着と2着の着順の差で使用されています。「鼻の差」とは、たった20cmの差です。しかし、1着になった馬は名が残りますが、2着の馬は残りません。当社が先行した動き出しの差は、ほんのちょっと、いわば「鼻の差」程度の違いでしたが、時間の経過とともに、顧客獲得数の差が大きく開きました。ちょっとの差でも先行することが、結果的に顧客開拓の面で大きな差となるのです。

第2章

助成金の不正申請で
消えゆくべき社労士

1　不正申請をした社労士の懲戒処分はこうなる

社労士として開業するとき、自分が懲戒処分を受けることを想定している人はいないでしょう。そのため、助成金の不正申請をした場合、具体的にどのような懲戒処分を受けることになるのか、内容を知らない開業社労士が多いです。

厚生労働省がホームページで公開している不正行為を行った社労士に対する懲戒処分の量定の基本的考え方は、以下の通りです。懲戒処分の量定は、別表（▷図表２－１・２－２）を基準として、次の①～⑦に掲げる事項に関する情状を総合的に考慮して決定されます。

▷懲戒処分の量定の基本的考え方

①社会保険労務士制度に対する信用失墜の程度
②円滑な労働・社会保険行政に対する侵害の程度
③不正行為等の規模
④更なる不正行為等の防止の必要性
⑤刑事処分の有無およびその内容
⑥過去の量定との均衡
⑦その他の情状

なお、社労士や社労士法人の懲戒処分の内容は、不正金額、件数、不正の悪質度などによって異なります。

▷（別表）社会保険労務士関係

［図表２－１］

根拠条文及び懲戒の種類	懲戒事由	量定の基準
法第25条の2第1項 ・1年以内の業務停止 又は ・失格処分	故意に、真正の事実に反して申請書等の作成、事務代理又は紛争解決手続代理業務を行ったとき	1　当該行為を主導的立場で行った場合 失格処分又は1年以内の業務停止 2　当該行為を従属的立場で行った場合 1年以内の業務停止
	不正に労働社会保険諸法令に基づく保険給付を受けること、不正に労働社会保険諸法令に基づく保険料の賦課又は徴収を免れることその他労働社会保険諸法令に違反する行為について指示をし、相談に応じ、その他これらに類する行為をしたとき	1　当該行為を主導的立場で行った場合 失格処分又は1年以内の業務停止 2　当該行為を従属的立場で行った場合 1年以内の業務停止
法第25条の2第2項 ・戒告 又は ・1年以内の業務停止	相当の注意を怠り、法第25条の2第1項に規定する行為（上記懲戒事由の行為）をしたとき	1　被害が重大で回復しがたい場合 1年以内の業務停止 2　被害が重大で回復可能な場合 6か月以内の業務停止 3　被害が軽微で回復しがたい場合 3か月以内の業務停止又は戒告 4　被害が軽微で回復可能な場合 戒告
法第25条の3 ・戒告 又は ・1年以内の業務停止 又は ・失格処分 （法第25条の2の規定に該当する場合を除く）	法第17条第1項若しくは第2項の規定により添付する書面又は同条第1項若しくは第2項の規定による付記に虚偽の記載をしたとき	1　当該行為を主導的立場で行った場合 失格処分又は1年以内の業務停止 2　当該行為を従属的立場で行った場合 1年以内の業務停止
	法及びこれに基づく命令又は労働社会保険諸法令の規定に違反したとき（法第16条違反の場合を除く）	1　当該行為を主導的立場で行った場合 失格処分又は1年以内の業務停止 2　当該行為を従属的立場で行った場合 1年以内の業務停止

法第 25 条の 3 ・戒告 又は ・1 年以内の業務停止 又は ・失格処分（法第 25 条の 2 の規定に該当する場合を除く）	社労士たるにふさわしくない重大な非行があったとき（法第 16 条違反の場合を含む）	1　罰金以下の刑に処せられた場合 1 年以内の業務停止又は戒告 2　依頼者に対する背信行為をした場合 1 年以内の業務停止又は戒告 3　適正な労使関係を損なう行為をした場合 （労働争議時の団体交渉において、代理、仲裁又は和解その他の法律事務を取り扱うこと等により、適正な労使関係を損なう行為をした場合を含む。） 1 年以内の業務停止又は戒告 4　上記以外の場合 失格処分、1 年以内の業務停止又は戒告

「社会保険労務士及び社会保険労務士法人に対する懲戒処分に関する運用基準」より

▷（別表）社会保険労務士法人関係　[図表２－２]

根拠条文及び懲戒の種類	懲戒事由	量定の基準
法第 25 条の 24 ・戒告 又は ・1 年以内の業務の全部若しくは一部の停止 又は ・解散	法及びこれに基づく命令に違反したとき	1　法第 25 条の 13（成立の届出等）、第 25 条の 14（定款の変更）、第 25 条の 22（解散）又は第 25 条の 23（合併）に規定する全国社会保険労務士会連合会に届け出るべき届出をしなかった場合 戒告 2　上記以外の場合 解散、1 年以内の業務の全部若しくは一部の停止又は戒告
	運営が著しく不当と認められるとき	解散、1 年以内の業務の全部若しくは一部の停止又は戒告

「社会保険労務士及び社会保険労務士法人に対する懲戒処分に関する運用基準」より

助成金の不正申請で、実際に懲戒処分となった社労士の大半が受けるのは「1 年以内の業務停止」ですが、社労士が自分自身の事務所の助成金申請で不正を行った場合は、「失格処分」になっていることが多いようです。

2　スポットライトを浴びて舞い上がった「勘違い社労士」

コロナ禍によって雇用調整助成金の支給条件が緩和されたことで、他の助成金と比較すると簡単な事務作業だけで申請できるにもかかわらず、引き続き高額な報酬を得られる状態になりました。そのような状況下で、かつて経験したことのない高収入が手に入ると、人は現状を維持、あるいはさらに高めようとする心理になるのが自然です。

令和２年４月から始まった雇用調整助成金の特例措置は、「雇調金バブル」という言葉を生み出し、社労士がテレビや他のメディアでスポットライトを浴びるようになりました。新型コロナウイルス感染症のまん延をきっかけに、突然社労士がメディアに取り上げられ、一気にスポットライトを浴びたことで、日陰で地道な仕事をしてきた社労士も自分自身の価値が上がったと感じてしまったのです（本書では、このような社労士を戒めのために「勘違い社労士」と呼ぶことにします）。

「勘違い社労士」は感情が高ぶっており、不正申請への自己抑止力を失うケースが増えました。こうして、雇用調整助成金に関して、億単位の巨額の不正申請に関与する社労士が続出したのです。

令和２年度から現在まで、社労士が関与した助成金の不正受給の大半が雇用調整助成金という状況となっています。

極端な事例では、社労士が自らの事務所について雇用調整助成金の不正申請を行い、その結果、失格処分となっています。助成金の申請代行をしている社労士事務所において、新型コロナウイルス感染症の影響によって社員の業務がなくなり、社員を休業させるような状況になることは、通常考えられません。冷静な判断能力を失った「勘違い社労士」が自制心をも失い、不正申請への歯止めがかからなくなった結果、廃業となる事務所も現れる事態となりました。

3 「不正申請をした社労士」と「社会的役割を果たさなかった社労士」は同罪

助成金の不正申請を行った社労士は、当然、適切な処分を受けるべきです。しかし、コロナ禍において、社労士としての社会的役割を果たさなかった社労士もいました。ここでいう社会的役割とは、困っている企業のために雇用調整助成金の申請代行を行うことを指します。最初から助成金の申請代行を拒否した社労士は、不正申請による処分は回避できたものの、「社会的役割を果たさなかった社労士」という不名誉なレッテルを貼られてしまったかもしれません。

さらに、助成金の申請代行しないことを正当化しようとする「厚顔無恥な社労士」も出現しました。このような社労士は、助成金申請代行を拒否し、社会的役割を果たさなかっただけでなく、一般の方が目にするSNSなどで虚偽主張を繰り返し発信しました。その虚偽主張とは、「助成金の申請代行をしたいが、顧問契約をしていない企業の申請代行をするときには、不正申請に巻き込まれる可能性がある。不正申請の代行をしても、社労士は免責してほしい」という内容でした。

万一、労働局に提出した書類に不正があったとしても、社労士がその不正に関与していなければ、処分されることはありません。なぜなら、事業主から改ざんした出勤簿などを渡された場合、社労士が不正を見抜くことはほぼ不可能だからです。つまり、事業主が改ざんした書類を提出してきたことを知らない「善意の社労士」が助成金の申請代行をした場合、社労士が連帯責任を負わされることはないのです。誰でも理解できそうな理屈であるにもかかわらず、「厚顔無恥な社労士」は堂々と主張していました。

ただ、一点補足すると、助成金の申請代行をする社労士が事業主の不正行為を知っていたのに、それを黙認して助成金の申請代行をした場合は、不正申請に関与したことになります。不正申請の事実を黙認したら、共犯です。

4　実際に発生した社労士の不正申請を検証

実例をもとにして、社労士の不正申請について検証します。

実例 1　新たに正社員に転換したと偽る

助成金名	キャリアアップ助成金（正社員化コース）
不正申請額	2,565,000 円
不正申請事例	社労士が、すでに正規雇用している者について非正規雇用労働者から正規雇用労働者に転換したとする関係書類を偽造し、また、幹部社員（既退職）の協力を受けて必要書類をそろえ、不正な申請書類を作成して助成金を受給しようとしたもの。

解　説

このケースでは、有期契約社員から正社員への転換をした４名、無期契約社員から正社員への転換をした１名に対して、助成金の支給申請が行われましたが、支給前に不正申請が発覚しています。

不正の内容は、申請代行を依頼した企業の幹部社員と連携し、社労士が正社員での採用事実を把握しながらも、労働条件通知書などの書類を偽造し、非正規社員から正社員へ転換したことにして助成金申請を行う、**正社員化コース**の典型的な不正申請パターンです。

複数の社員の申請を同時に行う際には、入社年月日が確認されます。正社員転換を随時または毎月実施するよう就業規則に記載されているにもかかわらず、異なる月に入社した５名の社員が同一の日に正社員に転換されていると、労働局は、もともと正社員として雇用されていた社員を有期契約社員と偽装している可能性を疑って、事業所に調査が入ることがあります。

例えば、キャリアアップ助成金の計画書を令和５年３月に提出したとします。図表２－３のように入社日が異なる５名が、令和５年４月に全員そろって正社員転換をしていると、最後に入社したＥさんの申請に合わせて、入社３年以内の社員を選定したのではないかと、労働局は疑いをかける可能性があります。

▷例：不自然な正社員転換日　[図表２－３]

社員	入社日	正社員転換日
Aさん	2020年6月	2023年4月
Bさん	2020年9月	2023年4月
Cさん	2022年1月	2023年4月
Dさん	2022年7月	2023年4月
Eさん	2022年10月	2023年4月

もちろん、1事業所あたり年間20名まで助成金申請できるので、複数の社員を同一の日に正社員転換すること、上限の20名分の助成金の支給申請を同時にすること自体は問題ありません。

実例2　事業主に無断で書類を偽装

助成金名	キャリアアップ助成金（正社員化コース）
不正申請額	1,140,000円
不正申請事例	実際は支給要件を満たしていないにもかかわらず、社労士が事業主に無断で事実と異なる雇用契約書および賃金台帳等の申請書類を作成し、当該助成金の不正受給に関与したもの。

解　説

信頼して業務の代行を任せてくれた事業主を裏切り、社労士自ら主導して社員２名の雇用契約書、賃金台帳などの書類を改ざんし、不正申請を行いました。このケースでは、事業主自身は不正申請について知らず、善良な事業主が犯罪に巻き込まれた事例となっています。

不正という意識が薄い社労士が、顧客サービスの一環として「助成金申請の書類はすべて調整しておくので大丈夫です」といった説明をして事業主を安心させ、暴走してしまう典型的なパターンです。

実例３　対象労働者が代表者の３親等以内でないと偽る

助成金名	キャリアアップ助成金（正社員化コース）
不正申請額	332,500 円
不正申請事例	対象労働者が支給要件を満たさない代表者の３親等以内の親族（代表者の配偶者）であったにもかかわらず、３親等以内の親族ではないと偽り、当該労働者を無期雇用労働者から正規雇用労働者に転換したとして、キャリアアップ助成金を事業主に不正に受給させようとしたもの。

解　説

正社員化コースでは、事業主または取締役の３親等以内の親族は助成金対象の社員には含まれません。また、事業主または取締役の配偶者およびその３親等以内の姻族も助成金の対象外です。

申請を依頼されたのが配偶者の姻族の場合、姓が事業主または取締役の姓と異なることが多いため、事業主から知らされないと社労士は申請対象になるかどうか把握できません。助成金を申請する際に、３親等以内の親族なのかを確認する必要があるため、事業主から「対象社員は３親等内の親族ではない」と虚偽の回答をされていた場合は、社労士が業務停止などの処分を受けることはありません。

一方、３親等以内の親族なのかを確認した際に、事業主からその事実を知らされたにもかかわらず、助成金の申請代行を行うと、事業主と共謀して不正申請の代行をしたとみなされ、当然に処分の対象となります。

実例 4　社労士自ら賃金台帳等を偽造

助成金名	キャリアアップ助成金（正社員化コース）
不正申請額	570,000 円
不正申請事例	社労士自ら、賃金台帳等を偽造し、提出代行を行ったもの。

解　説

事業主から受領した賃金台帳や出勤簿に不備がある場合、誤字や脱字の訂正は可能ですが、賃金の金額など、訂正できない項目も存在します。その際は、そのまま労働局に賃金台帳や出勤簿を提出し、不備に関しては別紙に補足説明を記載して添付します。

例えば、時間外労働手当の計算を間違えていたり、雇用保険料の金額を社員から多く控除していたりした場合、勝手に正しい金額に修正するのではなく、次の賃金支払日に差額を支払い、その賃金台帳を労働局に後送すれば問題ありません。

仮に、社労士が修正をし、事業主の保管している賃金台帳や出勤簿の原本と内容が異なる帳票を労働局に提出した場合は、労働局の調査が入った際に弁明の余地はまったくありません。社労士が安易に帳票等の修正を行うことは、絶対に避けなければなりません。

実例５　対象者にするため労働条件通知書を改ざん

助成金名	キャリアアップ助成金（正社員化コース）
不正申請額	570,000円
不正申請事例	助成の対象とならない者が対象となるよう労働条件通知書（2通）を改ざんし、虚偽の申請を行って、当該助成金の不正受給に関与したもの。

解　説

このケースでは、賃金台帳や出勤簿は改ざんされていませんが、有期契約社員の労働条件通知書および転換後の正社員の労働条件通知書が改ざんされ、不正申請として処分されています。

助成金を申請できるよう、労働条件通知書の記載内容を正社員から有期契約社員に変更し、6か月経過後に正社員に転換したとすることは、社労士として絶対に行ってはならない行為です。

なお、正社員として入社した後で、社員本人が一旦有期契約社員になることに同意しても、助成金の申請対象にはなりません。

実例6　生産性要件を満たすよう賃金台帳等を偽造

助成金名	キャリアアップ助成金（正社員化コース）
不正申請額	12,960,000 円
不正申請事例	賃金台帳等を偽造し、虚偽の申請書類を作成して代行申請を行ったもの。

解　説

このケースは、令和5年度に廃止になった生産性要件の適用対象となっており、1名あたり通常は57万円の助成金が72万円に引き上げられていました。行った18名分の申請について、賃金台帳などの帳票の偽造があり、不支給となりました。

助成金総額が約1,300万円ともなると、労働局も審査が慎重になります。会計検査院が入った際に支給内容が確認される可能性が高く、会計検査院が見つけた不正に労働局が気が付いていなかった（助成金を支給した）とされることを避けるためです。

当然のことではありますが、事業主から申請代行を依頼されても、助成金の対象にならないときは、その理由を事業主に説明する必要があります。助成金の対象にならないのであれば、申請はできませんし、書類を改ざんしたら犯罪行為になります。ダメなものはダメと事業主に言えない社労士は、助成金の申請代行業務の適性がありません。

実例7　書類の虚偽を黙認

助成金名	人材開発支援助成金
不正申請額	不明
不正申請事例	提出書類に虚偽の記載があることを知りながら黙認し、提出代行を行ったもの。

解　　説

人材開発支援助成金は社員の研修について賃金助成や経費助成をする助成金です。

詳細は不明ですが、社労士は不正を主導してはいないものの、労働局に提出する書類に虚偽記載があることを知りながら黙認して申請代行をしていたようです。

人材開発支援助成金の不正申請は、研修会社の下請けをしている社労士が陥りやすい傾向にあります。研修会社の事業主は、すでに開催にあたり支払った研修費用を回収するため、助成金の満額支給を絶対条件と考えています。その結果、助成金を受給させるために書類に虚偽の記載をせざるを得ない状況に追い込まれる社労士が出てくるのです。

労働局も、計画書に添付された研修実施予定日に予告なしで現地調査を入れるなど、不正申請がないように注意を払っており、怪しい助成金申請については徹底的に調査をします。

したがって、研修会社からの助成金の申請代行を引き受けることは、不正申請への道に進む可能性が相対的に高くなりやすいため、慎重に判断すべきです。

実例 8　要件となる取組みを実施したと偽る

助成金名	両立支援等助成金（不妊治療両立支援コース）
不正申請額	285,000 円
不正申請事例	事業主が助成金の対象となる取組みを行っていないにもかかわらず、実施したように偽った内容の資料を事業主に無断で作成した上、労働局に根拠資料として提出し、助成金を事業主に不正に受給させたもの。

解　説

両立支援等助成金の**不妊治療両立支援コース**は、令和４年度に全国で 169 社にしか支給されていない不人気助成金の１つですが、不正申請で処分された社労士がいます。

そもそも不妊治療両立支援コースは、事業主側で「不妊治療のニーズ調査」（▷図表２－４）を社員に実施するなど、かなり手間がかかります。また、社員側も不妊治療をしていると他の社員に知られることを嫌がる傾向にあります。加えて、本助成金を知っている事業主はほとんどいないため、不妊治療をしている社員がいると見聞きした社労士側から助成金申請を提案したと思われます。

様々な事情から社労士が事業主や対象社員に負担をかけないよう配慮したことが、逆に事業主を助成金の不正申請トラブルに巻き込み、大きな代償を払わせる結果となってしまいました。

▷不妊治療のニーズ調査　[図表２－４]

不妊治療と仕事の両立に関するニーズ調査（例）

社員の皆さまへ

○○○会社　人事労務担当課

このアンケート調査は、社員の皆さまの不妊治療と仕事の両立に関する意識、不妊治療を行う際に希望する制度や働き方などについてお伺いし、社内における環境整備を図るために実施するものです。ぜひご協力ください。

アンケートは匿名で回答いただきますので、回答内容について個人が特定されることはありません。
Q3, Q4, Q5, Q7 以外は、全員お答えください。該当する項目の☑欄にチェックしてください。

Q1	上の囲みのような不妊治療、仕事との両立の実態について知っていますか？	✓欄
	①　全て知っている	
	②　おおむね知っている	
	③　ほとんど知らない	
	④　全く知らない	

Q2	あなたは、不妊治療をしたことがありますか？	✓欄
	①　ある　➡　Ｑ３へ	
	②　ない　➡　Ｑ５へ	

Q3	あなたは、現在も不妊治療をしていますか？	✓欄
	①　している　➡　Ｑ４へ	
	②　していない　➡　Ｑ５へ	

厚生労働省ホームページより抜粋

なお、令和２年に日本で生まれた約84万人のうち不妊治療による出生は全体の7%程度なので、企業の助成金申請ニーズはあるといえるでしょう。全国的にもほとんど支給申請されていないこの助成金を提案できる社労士は、かなり助成金に精通していると思われるので、その能力を正しい方向に使っていれば、中小事業主に貢献できる仕事ができただけに残念な事例です。

実例 9　社内周知を行ったと偽る

助成金名	両立支援等助成金（出生時両立支援コース）
不正申請額	570,000 円
不正申請事例	育児休業を取得していないにもかかわらず、虚偽の申請書類を作成し、当該助成金の不正受給に関与したもの。

解　説

両立支援等助成金の**出生時両立支援コース**は、社員への周知で使用した資料の提出が求められるなど、不妊治療両立支援コースと同様に事業主側の事務負担が大きい助成金です。ですが、男性社員が多い企業の事業主は、男性育休への助成に高い関心を持っています。

このケースでは、社労士が男性育休に関する資料を作成しただけで、実際には社員に配付していないにもかかわらず、配付したと虚偽申請をしたものです。社労士が事業主の負担を減らそうとして、逆に事業主に迷惑をかけてしまった本件は、社労士の考えが安易だったといえます。

経験上、資料を社員に配付することが助成金申請の条件といえば、助成金が欲しい事業主は指示された通りに資料を配付します。また、全社員に説明が必要となれば、事業主は社員を集めて説明をします。もう一歩踏み込んで、助成金申請で必要な条件について事業主と打合せをしておけば、防げたのではないでしょうか。

なお、本助成金は、令和４年６月から助成金額が大幅に下がりました。提案時点の金額をあらためて確認してください。

実例10　ハローワークの紹介で採用したと偽装

助成金名	特定求職者雇用開発助成金
不正申請額	17,649,999 円
不正申請事例	助成金の支給申請において、虚偽の申請書類を作成し、当該助成金の不正受給に関与したもの。

解　説

特定求職者雇用開発助成金には、５つのコースがありますが、その中で圧倒的に申請件数が多く、不正申請も多いのは、**特定就職困難者コース**になります。

すでに雇用することが決まっている60歳以上の高齢者、障害者、母子家庭の母などを現在失業中ということにして、ハローワークなどに行かせてから本人を採用したかたちにして、助成金を不正申請することが多いです。

本助成金の助成金額は、60万円（高年齢者１名分）という少額のケースが多いですが、本件は１社で約1,800万円と高額となっています。

高額の助成金を甘い審査で支給してしまったことが後日発覚すれば、労働局側の担当者も立場を危うくするので、労働局の審査が通常より厳しくなることは明白です。したがって、事情を知っている社労士は、助成額が高額になるほど不正申請をしようとは考えません。誘惑に負けて不正申請したことで、社労士生命を失うことになった事例です。

実例11　要件となる訓練を実施したと偽る

助成金名	人材開発支援助成金（特別育成訓練コース）
不正申請額	1,338,720 円
不正申請事例	社労士が、実際には訓練を実施していないことを認識していたにもかかわらず、虚偽の申請書類を作成し、当該助成金の不正受給に関与したもの。

解　説

人材開発支援助成金は、令和５年度から３コース（7 訓練）を１コース（3 訓練）に統廃合しました。令和４年度までの**特別育成訓練コース**は、非正規社員向けの訓練をした場合に OJT、OFF-JT の賃金助成、経費助成をする助成金でした。

事業主が訓練をする場合の不正受給の代表例は、実際には訓練をしていないのに、訓練をしたと虚偽報告をするケースです。また、就業時間外に訓練をすると賃金助成が出ないため、例えば、9 時から 18 時が就業時間の企業が、実際には 18 時から 20 時の就業時間外に研修をしているのに、16 時から 18 時に研修をしたと虚偽報告するケースも多いです。

研修会社などが訓練をする場合の不正受給の代表例は、実際は５名に研修をしたのに、参加していない社員５名を水増しした 10 名で受講したというように、人数を虚偽報告するケースです。

研修会社などの下請けをしている社労士は、廃業リスクのある不正申請を代行し、生かさず殺さず程度の報酬を支払われる、典型的な「負け組社労士」といえるかもしれません。

社労士が関与した不正申請の総括

もともと、**キャリアアップ助成金（正社員化コース）**は、申請件数が多いため、比例して不正申請も多くなっています。事例で紹介したように、正社員として採用した社員を有期契約社員として採用したことにし、正社員に転換して助成金を申請するという手口や、労働条件通知書、賃金台帳、出勤簿などの帳票の改ざんが多いです。

令和５年には、一人の社労士がキャリアアップ助成金（正社員化コース）の不正申請を数年前から行い、不正申請の累計件数が100件を超えるというケースが公開されました。感覚が麻痺して、不正をしている意識が消えてしまったからできたのだと思われます。

また、事業主から信用を得て一任されているのに、社労士自身が手段を選ばすに助成金申請をしようとして、事業主に無断で帳票の改ざんや資料の作成・配付の虚偽申請をした結果、社労士生命が終わってしまう事例も多発しています。

自制心が欠けている社労士は、不正申請を行うリスクがあるため、助成金申請代行の適性がありません。自分自身に厳しく仕事ができる社労士こそ、助成金申請代行の適性を持っています。助成金申請ありきではなく、助成金申請する条件に合致しない事業所は申請しなければいいだけなのです。

第３章

雇用調整助成金の
申請代行をした社労士必携！
労働局調査対策マニュアル

大前提として、本章で解説するのは、正しく雇用調整助成金を申請した事業所のための対策マニュアルです。不正申請をした事業所を助けるマニュアルではありません。

雇用調整助成金は申請件数が多いため、調査の連絡が事前に事業所に入る場合もあれば、労働局に書類を持参するよう指示される場合もあります。かなり怪しい事業所の場合は、予告なしでいきなり事業所に調査が入る場合もあります。

もし、不正申請に該当した場合であっても、

・不正発生日を含む判定基礎期間以降に受給した助成金の全額
・不正受給した助成金の額の２割に相当する額（ペナルティ）
・延滞金（不正受給の日の翌日から納付の日まで年３分）

の合計額を労働局に返還すれば、事業主名の公表は、原則行われません。

不正申請をしたことを自主的に労働局に報告すれば、労働局が返還すべき金額を計算するので、指定された期日までに返還します。それで不正申請についての追及は終了です。

もし、一括で支払いできないときは、労働局に申入れをすれば、状況により分割返済も認めています。ただし、その場合は、事業所名の公開がされる可能性があります。

労働局から調査の連絡がなかったとしても、支給決定日から５年経過して時効が成立するまでは労働局の調査が入る可能性があるため、事前に準備をしておきましょう。調査が入ったときに十分な回答ができないと、調査が長期化し、最悪の場合、助成金の返還という事態を招く可能性があります。

なお、雇用調整助成金等の返還となった場合は、他の雇用関係助成金の申請にも影響が出ます。具体的には、５年間の不支給措置、つまり他に申請している助成金についても、すべて不支給になってしまいます。

助成金の返還は企業の経営自体に大きな損失となりますし、不正申請で公表されれば、取引先が取引の中止をしてくることも想定されます。最悪の場合、資金繰りが悪化し、企業が倒産になる可能性も出てくるでしょう。企業が倒産になれば、社員も失業となりますから、不正申請の代償は極めて大きいです。

不正申請に関わった社労士も、一度業務停止処分を受けると復活の道が難しいです。不正申請とならないように、事前準備は必ずしておきましょう。

1　雇用調整助成金に関する不正申請対応の厳格化

厚生労働省は雇用調整助成金の不正申請についての対応を強化しています。これは、助成金の不正申請にしっかりと対応していることを会計検査院に示すためでもあります。

通常、助成金の現地調査は「事前予告あり」で行われます。ただし、雇用調整助成金では、他の助成金ではあまり行われていない「事前予告なし」の現地調査も導入されています。「事前予告なし」の現地調査は、雇用保険法79条に基づくもので、助成金の支給決定日から５年間の時効になるまで実施されます。

なお、一部の労働局では、多くの調査対象企業があるため、効率的な対応として「事前予告あり」や事業主の呼び出し調査も同時に行っています。

労働局だけでなく、会計検査院も訪問して申請内容や関連書類を確認することがあります。会計検査院の検査は、労働局の調査の見落としを確認するもので、労働局よりも厳格に行われます。

そのため、雇用調整助成金等を申請した事業主は、提出書類の写し、その他支給要領に規定する各種書類を、支給決定日から起算して５年間は保存する必要があります。提出した書類を紛失している場合、（不正受給ではなくても）不正申請とみなされ、助成金の返還を求められる可能性があります。

もし雇用調整助成金の不正申請が確認されれば、他の助成金と同様に、事業所名や関与した社労士および「不正指南役」となったコンサルタントの氏名等が公表されます。

さらに労働局は、不正申請に対して警察本部と連携し、刑事告発を行うことも考慮しているため、逮捕される可能性があります。不正が発覚した際、単に返金すれば問題ないと考えるのは間違いです。労働局は、不正申請が刑法246条の詐欺罪などで訴えられる可能性があることを、ハローワークの窓口でのチラシ配布を通じて事業主に知らせています（▷図表３－１・３－２)。

▷「不正・不適正に受給していませんか」表面　[図表３－１]

雇用調整助成金・緊急雇用安定助成金を受給（又は申請）した事業主の皆さまへ

雇用調整助成金 不正・不適正に 受給していませんか
労働局は積極的な調査を行っています

受給した助成金※について、自ら調査を行い、
不正・不適正の場合は、自主申告をしてください！

こんなことはありませんか？

- 休業として申請したが、**実際には出勤している社員がいた**
- **雇用関係にない者を含めて**申請している
- 申請内容に誤りがあったが、**そのままにしている**
- 支給申請は**従業員や知人に任せているから安心だ**

会社の代表の皆さま、こんな風に考えていたら要注意！

- 自分は**実態を把握していない**が、**休業を指示しただけ**で問題は無い
- 実務を把握している**社員に任せているから大丈夫**
- 申請は、助成金をよく知る**代理人に任せているから問題ない**

代表者が意図的かどうかにかかわらず、**自主申告のない場合、**
不正に受給した会社（事業主）は公表されます！

本来もらうことのできない助成金は、**不正受給・不適正な受給にかかわらず、原則として会社（事業主）へ返還を求めます。**

代表者が知らなかったとしても、調査の結果、**不正受給と判断される**こともあります。

不正受給に該当する場合、労働局ホームページに**「事業主名及び代表者名」などが公表されます。**

※ 申請を行った場合（まだ受給していない場合）も含みます。

少しでも思い当たるところや不安があれば、裏面をチェック！

ひと、くらし、みらいのために
厚生労働省
Ministry of Health, Labour and Welfare

厚生労働省・都道府県労働局・ハローワーク

LL050331企01

厚生労働省リーフレットより

▷「不正・不適正に受給していませんか」裏面　　[図表３－２]

不正・不適正な助成金であれば自主申告してください

自主申告ではない不正受給事案については、
例外なく事業主名を公表します※

※ 支給決定取消等を行った額が100万円未満を除く。

労働局が調査を行う前に、自己申告をする必要があります。

- 「調査が来るまで黙っておこう」
- 「不適正のうち**一部だけ**自主申告しておこう」

は通用しません。

労働局は予告無しの調査を積極的に実施しています。また、自主申告を踏まえた調査も行います。

自主申告について　自主申告した場合はどうなる？

仮に、不正受給に該当した場合であっても、

受給した金額＋違約金＋延滞金

を迅速に返還していただければ、**事業主名の公表を原則として行いません※。**
ただし、公表されないからといって、**安易に不正受給することは許されません。**

※ 調査に非協力的であるなどの場合、自主申告とは認められませんので、自主申告後も調査にご協力ください。
また、特に重大又は悪質の場合は非公表の対象から除きます。

※　なお、返還できないため、公表となる場合であっても「自主申告したこと」を公表する際に記載します。
また、全額の返還・納付後は労働局ホームページから削除することが可能です。

自主申告の方法

- 不正・不適正にかかわらず、速やかに申請した都道府県労働局にその旨をご連絡ください。
- 要件に合致しないことがわかる書類を労働局に提出してください。
- 「全体は調査中だが、一部で不適正な部分が見つかり、まずは自主申告したい」という場合は、調査中であることも含めて申告をしてください。

書類保存について

雇用調整助成金等を申請した事業主は、提出又は提示した書類の写しその他支給要領に規定する各種書類を、支給決定日の翌日から起算して５年間保存する必要があります。当該書類を保存していない場合も、（不正受給ではなくとも、）不適正に該当する場合があるため、ご確認の上、申請労働局にその旨をご連絡ください。

厚生労働省リーフレットより

また、上記に加えて雇用関係助成金の５年間の不支給措置を適用されるので、助成金の支給申請だけでなく、計画書の提出もできなくなります。措置が適用になると以下のような書面が届きます。

▷不支給措置期間通知書

［図表３－３］

○○○○○○助成金（▲▲▲▲▲▲コース）
不支給措置期間通知書

年　　月　　日

■■　■■殿

○　○　　労　働　局　長

貴殿の行為は、不正受給に該当するため、　　年　　月　　日から５年間（支給を取り消した日から５年を経過しても、不正受給に係る請求金が納付されていない場合は、時効が成立している場合を除き納付日まで）、○○○○○○助成金の支給は行われないとともに、雇用保険法（昭和49年法律第116号）第４章の雇用安定事業等に係る給付金（以下「雇用関係助成金」という。）についても同期間支給は行われません。

なお、上記期間に再び雇用関係助成金を受けようと支給申請を行うことは、不正行為にあたります。

労働局の事業所訪問や立入調査は、不正受給が疑われる場合だけでなく、雇用調整助成金等の申請を行った、または支給決定を受けた企業に対しても行われます。例えば、雇用調整助成金の申請において、休業日に実際に事業所が休業していたかどうかの情報を社員や取引先から直接収集することもあります。そして、社労士が助成金の申請代行をしている場合、その社労士にも労働局の調査が行われる可能性があります。

一部の社労士は、助成金の申請代行のうち、「提出代行」は責任が軽いと考えていることがありますが、実務上、事業主が助成金の申請書類を作成し、社労士が労働局への書類提出のみを代行することは現実的ではありません。

「提出代行」と「事務代理」の定義は以下の通りです。

▷「提出代行」と「事務代理」の定義　[図表３－４]

	定義
提出代行	事業主が行うべき支給申請書等の提出手続に必要な一切の事務処理を事業主に代わって社労士が行うことから提出「代行」といいます。支給申請書等の提出手続に関して行政機関等に事実上の説明補正等を行うことまでが社労士が行える業務となります。
事務代理	事務代理は社労士が事業主に代わって申請等を行うものであることから、委任の範囲内で申請内容の変更等を行うことができるだけでなく、申請等について責任をもって処理できるよう当該申請等に係る行政機関等の調査または処分に関する主張または陳述を行うことができます。

社労士が助成金の申請代行を行う場合、「事務代理」として提出するほうが実態に合っているので好ましいです。当社では必ず「事務代理」として、助成金の申請代行をしています。

2 不正事案の公表基準（令和５年４月以降）

▷「雇用調整助成金（コロナ特例）」および「緊急雇用安定助成金」の不正事案の公表基準（令和５年４月以降）　[図表３－５]

不正申請状況	公表有無
① 不正受給による支給取消額および不正を理由として不支給決定を受けた支給申請額の合計額が100万円以上の場合	⇒ 公表対象。ただし、労働局の調査前に不正受給について自主申告を行い、かつ、返還命令後１か月以内に全額納付した場合であって、不正の態様・手段、組織性等から判断して、管轄労働局長が特に重大または悪質でないと認める場合は公表しないことができる。
② 不正受給による支給取消額および不正を理由として不支給決定を受けた支給申請額の合計額が100万円未満の場合	⇒ 公表対象外。ただし、不正の態様・手段、組織性等から判断して、管轄労働局長が特に重大または悪質であると認める場合は公表対象とする。
③ 社労士や代理人が不正に関与した場合	⇒ 金額、返還の有無にかかわらず公表対象とする。

厚生労働省「雇用調整助成金（コロナ特例）の不正事案の公表について」より作成

▷（参考）他の雇用関係助成金の不正事案の公表基準　[図表３－６]

不正申請状況	公表有無
① 事業主等が不正受給を行った場合であって、右のいずれかに該当するとき	ア 不正受給による支給取消額および不正を理由として不支給決定を受けた支給申請額の合計額が100万円以上の場合であって、返還命令後１か月以内に全額納付されないときは公表対象とする。
	イ 不正の態様・手段、組織性等から判断して、管轄労働局長が特に重大または悪質であると認めるときは公表対象とする。
② 社労士や代理人が不正に関与した場合	⇒ 金額、返還の有無にかかわらず公表対象とする。

厚生労働省「雇用調整助成金（コロナ特例）の不正事案の公表について」より作成

3　労働局調査対応 事前準備編

出勤簿、賃金台帳といった助成金申請をしたときの書類を申請書ごと（申請日ごと）にまとめておき、申請時の提出書類と事務所に保管されている原本が一致しているかを確認します。

不正申請事例

不正の手口は類似するため、以下に該当しないか重点的に確認されます。

▷不正申請事例　[図表３－７]

不正申請事例	具体例
架空休業	実際には出勤（テレワークを含む）しているのに、休業日数や休業時間を不正に水増しして申請。
架空休業	社員にタイムカードの打刻をしないように指示するなどして、法定帳簿（出勤簿、賃金台帳など）を改ざん・偽造して申請。 ※実際には、まだ助成金の支給を受けていなくても、支給を受けようとする行為は不正とみなされます。
架空雇用	退職した社員をまだ雇用しているかのように見せかけたり、名義を借りて雇用していない人物を雇用しているかのように装ったりして、休業したものとして申請。
架空休業手当	実際には社員に必要な休業手当を支払っていないのに、支払ったかのように装って申請。

労働局調査対策で事前に準備をしておく書類

作成が義務付けられている書類がないときは、隠ぺいしているとみなされる可能性があるため、調査日までに作成しておきましょう。ただし、記載ミスがあっても、数字の修正は不可です。また、労働条件通知書のように、社員に渡すべきものを渡していなかったら、作成して社員本人に渡しておきます。

調査では基本的に、以下に挙げる書類を確認されます。出勤簿などの人の動きだけでなく、総勘定元帳、入出金伝票、通帳など、お金の動きを確認する書類も見られます。なぜなら、会社全体が休業しているはずなのに、入出金があれば、実際は業務をしていた証拠になる可能性があるからです。また、社員の投稿や写真がないか、企業のサイトやブログ等、公開されているものはすべて確認されます。

▷事前に準備しておく書類

[図表３－８]

帳票	確認のポイント
① 労働者名簿	法定三帳簿であり、実務的には形骸化していますが、必ず作成しておきます。
② 労働条件通知書または雇用契約書	申請時に提出した労働条件通知書が必要です。
③ 出勤簿またはタイムカード（シフト制の場合シフト表）	出社時刻、退社時刻、休日を確認されます。シフト表がある場合はシフト表も提出を求められます。
④ 賃金台帳または給与明細	休日手当の支払いが適正か、確認されます。
⑤ 就業規則（賃金規程など、就業規則本則以外のその他規程すべてを含む）	社員が10名以上の企業は、労働基準監督署への届出がされているか確認されます。 就業規則に別規程があると記載されている場合、その別規程も確認されます。
⑥ 36協定	「働き方改革推進支援助成金」以外では、通常確認されませんが、用意しておきましょう。
⑦ 源泉徴収簿	お金の動きを確認するため、提出を求められる可能性があります。
⑧ 総勘定元帳	お金の動きを確認するため、提出を求められる可能性があります。企業によっては、すべて印刷すると膨大な量になるので、印刷を求められた場合は、必要な部分だけを印刷すれば構いません。
⑨ 出金伝票・入金伝票 ⑩ 現金出納帳 ⑪ 事業所名義のすべての通帳	お金の動きを確認するため、提出を求められる可能性があります。
⑫ 社員の履歴書	本当に雇用していたかを確認するために、社員の履歴書の提出を求められます。

4　労働局調査対応 実践編

事前に調査の連絡があった場合に、労働局が指定してきた日時を変更することは可能です。都合が悪い場合は、事前に送付された書面に記載されている連絡先に電話をして変更しましょう。ただし、1か月以上先に延長するのは、隠ぺい工作と受け取られるため難しいです。延長の申入れをするとしても1週間程度が妥当でしょう。

リハーサル

事前に調査連絡があり、事業主が労働局に出向くときは、リハーサルを行い、提出物の確認をすることが必要です。一度でもリハーサルをするのとしないのとでは、全然違います。本番の調査をスムーズに進められるので、リハーサルの実施は必須です。

なお、労働局の調査に社労士が同席することを拒まれることは通常ありませんが、労働局から社労士の同席を求めることもありません。事業主や担当者との実態確認の際、社労士が同席していないほうが都合の良いことがあるからです。

上記の理由から、社労士が同席するとしても、労働局の職員の質問について回答するのは、事業主または担当者となります。もちろん、回答者の補助という役割で社労士が助言をすることは可能です。

　また、雇用調整助成金を申請したときに休業した社員へのヒアリングを求められることがあるので、休業した日時の確認と当時の状況などについて、事前に想定問答集を作成してリハーサルをしておくことも必要になります。

　ここまでしなくてもと思うくらい準備をしておくと、調査は、大きな問題なく終わるものです。

追加提出書類

　調査で不備を指摘されたもの、追加で提出を求められたものについては、労働局が指定する期限までに提出します。どうしても間に合わないときは、提出できるものを期限までに提出します。
　調査後、書類の不備の修正や新たに追加された書類を労働局に郵送したら、あとは結果を待つだけです。

　労働局からの質問については、虚偽の回答をしないことが重要です。なぜなら、さらに深掘りした質問をされたときに、つじつまが合わなくなり、結局、虚偽の回答だったと労働局がわかってしまうからです。そのため、最初から事実に基づいて回答したほうが、問題なく調査を終えることができます。

　万一、申請に不備があり、助成金の返還や延滞金の支払いの指示があれば、速やかに労働局へ支払いをして、問題を終結させます。結果を覆らせるような明確な証拠があるなら別ですが、反論する術がないなら、早く終わらせてしまったほうが得策です。

第4章

「ホワイト」な
助成金申請コンサルティング
五大ポイント

ここでは、「ホワイト」な助成金申請代行業務を遂行する社労士が、助成金申請コンサルティングをする上で、不支給になることを防ぐために重要だと考える五大ポイントについて解説します。

大前提として、事業主が社労士の指導に従わない場合は、助成金申請代行業務の契約を即刻解除するという強い姿勢で対応する必要があることは忘れないでください。

五大ポイントとは、４つの帳票（出勤簿／賃金台帳／就業規則／労働条件通知書）にスケジュール管理を加えた５つです。

労働局は一度問合せに入ると、納得できる回答を得られるまで審査を中断します。そのため、そもそも問合せが入らないように各帳票のポイントを押さえておくことが必要です。労働基準法上では問題にならないことでも、助成金申請では問題になることがあります。そこで、４つの帳票について、助成金独特のチェックポイントを解説していきます。

1　出勤簿（またはタイムカード）

時間外労働、深夜労働、休日労働の状況を確認するため、助成金では重要な帳票です。出勤簿を作成していない企業については、出勤簿のひな型を渡して、記入することを申請代行の条件とします。

なお、毎日、定時出社・定時退社になっている出勤簿については、労働基準監督署の調査なら信ぴょう性に疑義をかけられますが、助成金の申請では問題になることはないです。

また、特に建設業や運送業においては、1日8時間以上、週6日以上勤務していることが多いです。その場合、時間外労働が恒常的に発生しているにもかかわらず、時間外労働手当や深夜手当などの支給額が足りない可能性が高く、是正指導が必要となります。

「出勤簿」作成のポイント①

初心者の社労士から、助成金申請代行業務において、「出勤簿を付けていない企業は、どうやって助成金を申請すればいいですか？」と、質問を受けることがあります。回答は、「出勤簿は社労士が代行して作成するものではないので、助成金を受給したいなら出勤簿の作成をするよう、事業主に説明するしかないです」となります。出勤簿を作成していない企業だけでなく、作成していても出社日にマル印を付けるだけで出退勤時刻が不明な企業も、当社では助成金申請代行を受けません。

よほど頑固な性格でなければ、「出勤簿を作成してまで助成金は欲しくない」と言う経営者はいません。資金繰りの関係で、どうしても助成金が欲しいという事情から、社労士の指示に従い、出勤簿を作成するようになります。

「出勤簿」作成のポイント②

出勤簿の作成についてアドバイスを求められたとき、無料で進める場合は、出勤簿のエクセルシートを用意しておき、事業主に渡します（▷図表４－１）。

有料で進める場合は、ジョブカン等の勤怠管理システムを提供する業者を紹介し、タッチパネルやスマホで行う勤怠管理システムの導入および運用について支援します。勤怠管理システム業者のサポート体制が手厚いとは限らないので、導入後に放置しておくと、運用されないことが多いです。有料サービスとして、社労士側でシステムが機能するようにサポートしましょう。

以前は無料版の要望ばかりでしたが、最近は、真剣に勤怠管理に取り組む事業主が増えてきたので、有料版の依頼も増えてきました。したがって、助成金を申請代行する際には、勤怠管理に関するアドバイスができるように準備しておくことが好ましいです。

▷「出勤簿」記載例

[図表４－１]

株式会社○○
2023年6月

社員名	所属グループ			スタッフ種別		平日出勤日数	欠勤日数	遅刻回数	早退回数
安田　一郎				正社員		20	0	0	0
労働時間	残業時間	深夜時間	労働時間	残業時間	深夜時間		有休（全休）		
165：00	05：00	00：00	165：00	05：00	00：00		2		
日付	勤怠状況	出勤時刻	退勤時刻	実労働時間	休憩時間	法定外残業時間	深夜残業時間	休日残業時間	有休時間
06/01（木）		09：00	18：00	08：00	01：00				
06/02（金）		09：00	18：00	08：00	01：00				
06/03（土）									
06/04（日）									
06/05（月）		09：00	18：00	08：00	01：00				
06/06（火）		09：00	19：00	09：00	01：00	01：00			
06/07（水）		09：00	19：00	09：00	01：00	01：00			
06/08（木）		09：00	19：00	09：00	01：00	01：00			
06/09（金）		09：00	19：00	09：00	01：00	01：00			
06/10（土）									
06/11（日）									
06/12（月）		09：00	19：00	09：00	01：00	01：00			
06/13（火）		09：00	18：00	08：00	01：00				
06/14（水）		09：00	18：00	08：00	01：00				
06/15（木）		09：00	18：00	08：00	01：00				
06/16（金）	有休								08：00
06/17（土）									
06/18（日）									
06/19（月）		09：00	18：00	08：00	01：00				
06/20（火）		09：00	18：00	08：00	01：00				
06/21（水）		09：00	18：00	08：00	01：00				
06/22（木）		09：00	18：00	08：00	01：00				
06/23（金）		09：00	18：00	08：00	01：00				
06/24（土）									
06/25（日）									
06/26（月）		09：00	18：00	08：00	01：00				
06/27（火）		09：00	18：00	08：00	01：00				
06/28（水）		09：00	18：00	08：00	01：00				
06/29（木）	有休								08：00
06/30（金）		09：00	18：00	08：00	01：00				
合計					20：00	05：00	00：00		16：00

「タイムカード」確認のポイント

タイムカードは、打刻漏れの有無の確認と、労働時間・時間外労働・深夜労働が集計されているかの確認が必要です。労働局によって、タイムカードの集計を労働局側で行い、時間外労働手当の金額に相違がないか確認する場合と、事業主側に集計した結果を提出するように求めてくる場合の２つがあります。したがって、タイムカードを提出する際の労働時間の集計と未払残業代の有無の確認は、助成金申請をする上で一番注意しなければならないポイントです。

小規模な事業所の場合、タイムカードで記録した労働時間について集計していないことがあります。集計をしていないと、時間外労働手当の計算は何を根拠にして計算したのか、労働局から追及されてしまいます。もし、社員がタイムカードに打刻をしているだけで、記録された労働時間について集計をしていない場合は、事業主に労働時間の集計をしてもらいましょう。

集計では、所定労働時間・所定外労働時間をタイムカードもしくは、別に集計表があればその集計表に明記します。また、タイムカードは、打刻漏れや打刻していても印字が薄くて読めないことがあるので、必ず企業の担当者にボールペンでタイムカードに補記をしてもらってください。補記しておらず、労働時間の集計をしていないとみなされると、最悪の場合、助成金が不支給になる可能性があります。

▷タイムカード　[図表４－２]

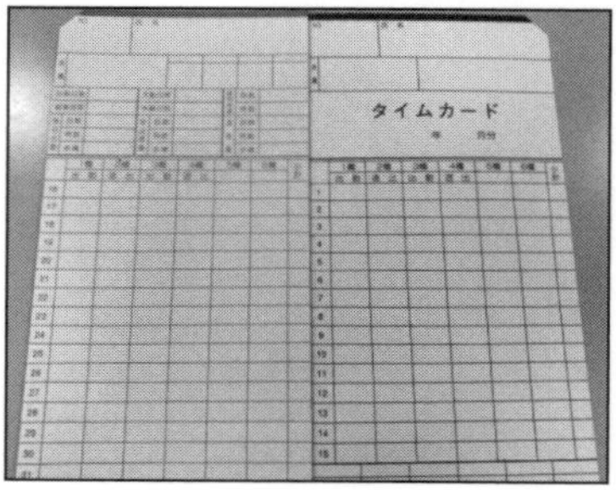

2　賃金台帳（または給与明細）

賃金台帳には、労働時間の合計だけでなく、時間外労働手当などの根拠となる時間外労働・深夜労働・休日労働の時間数も記載しておくと審査がスムーズに進み、助成金の支給が早くなります。

時間外労働手当などの計算方法について労働局から問合せが入ることが多いので、すぐに回答できるようにしましょう。

「賃金台帳」確認のポイント

基本給・各種手当が労働条件通知書・就業規則に記載されていることを確認します。

賃金台帳において多いミスは、時間外労働手当や深夜労働手当の計算ミス、もしくは計算漏れです。なお、雇用保険料の計算が間違っている場合、労働局から指摘されます。雇用保険料について、企業が法定の社員負担率より高い率で控除している場合は、社員への返還を求められることがあります。返還方法は、直近の賃金を支払う際に調整し、その賃金台帳を労働局に提出すれば問題ありません。一方で、雇用保険料を法定よりも低い率で控除している場合は、何も指摘されないことが多いです。

なお、社会保険料について指摘されることは、ほとんどありません。

時間外労働手当などが不足している場合には、不足分を対象社員に支給すれば、助成金は受給できます。時間外労働手当等の不足が原因で、いきなり助成金が不支給になることはありません。

「賃金台帳」作成のポイント①

賃金台帳への記載項目は、厚生労働省がホームページで公開している賃金台帳のひな形を参考にしてください（▷図表４－３)。

○賃金台帳に記載することが好ましい項目

・社員氏名　・賃金の計算期間　・労働日数
・労働時間数　・時間外労働時間数　・休日労働時間数
・深夜労働時間数　・基本給や手当等の種類と額
・控除項目と額　・賃金支払日　・会社名　・賃金台帳作成日

○賃金台帳に記載しなくても問題ない項目

・性別　・住所

賃金台帳作成日が、賃金台帳に記載されている最終月の賃金支払日より前の日付になっていると、賃金支払日以後の日付の賃金台帳を再提出するように求められることがあります。例えば、賃金が末日締め、翌月15日払いの場合、6月末で締め切り、7月15日に賃金を支払います。このとき7月14日に作成した賃金台帳は受理されません。賃金支払日の翌日である16日以降に作成されたものが受理されます。

また、賃金台帳作成日が会社の休日の場合も、労働局から確認が入ることがあるので、労働日に作成することをおすすめします。

▷「賃金台帳」記載例

［図表４－３］

賃金台帳

令和５年７月17日作成　　　　株式会社〇〇

氏名　●●●●

賃金計算期間	6/1～6/30	分		分		分		分		分		分
労働日数	20	日		日		日		日		日		日
労働時間数	165	時間		時間		時間		時間		時間		時間
休日労働時間数	0	時間		時間		時間		時間		時間		時間
早出残業時間数	5	時間		時間		時間		時間		時間		時間
深夜労働時間数	0	時間		時間		時間		時間		時間		時間
基本賃金	300,000	円		円		円		円		円		円
所定時間外割増賃金	12,500	円		円		円		円		円		円
手当　営業手当	20,000	円		円		円		円		円		円
手当　手当		円		円		円		円		円		円
手当　手当		円		円		円		円		円		円
手当　手当		円		円		円		円		円		円
小計	332,500	円		円		円		円		円		円
非課税分賃金額		円		円		円		円		円		円
臨時の給与		円		円		円		円		円		円
賞与		円		円		円		円		円		円
合計	332,500	円		円		円		円		円		円
社会保険料控除　健康保険	16,000	円		円		円		円		円		円
社会保険料控除　厚生年金・保険	29,280	円		円		円		円		円		円
社会保険料控除　雇用保険	1,995	円		円		円		円		円		円
社会保険料控除　小計	47,275	円		円		円		円		円		円
差引残	285,225	円		円		円		円		円		円
控除金　所得税	7,820	円		円		円		円		円		円
控除金　市町村民税	6,000	円		円		円		円		円		円
控除金		円		円		円		円		円		円
控除金　小計	13,820	円		円		円		円		円		円
差引支払金	271,405	円		円		円		円		円		円
振込日	7月15	日	月	日	月	日	月	日	月	日	月	日

厚生労働省ホームページより一部加筆

※ひな形の上欄に会社名、作成日を記載していますが、これは助成金申請を円滑に進めるために追加したものです。

「賃金台帳」作成のポイント②

小規模な事業所の場合、賃金台帳を作成していない企業も多いでしょう。実態としては、賃金台帳の代わりに給与明細を提出しても、多くの労働局で受け入れられています。

ただ、賃金台帳は企業が作成しなければならない書類であり、社労士としては賃金台帳の作成を指導しなければなりません。そこで当社では、助成金のスポット契約を切り口にして、毎月の給与計算代行を含む新規の顧問契約を結ぶ場合、賃金台帳の作成も代行可能であることを説明しています。

3　就業規則

就業規則は、ほとんどの助成金申請で必須になります。たとえ就業規則の作成・届出の義務がない社員数が10名未満の企業でも、申請においては必要です。就業規則を提出しなくてもいい助成金であっても、例えば、平均賃金の計算方法などを確認するために、後から就業規則の提出を求められることがあります。

助成金目的で就業規則を作成するなら、絶対的必要記載事項と、助成金に必要な正社員への転換条文等は外さないようにしましょう。

就業規則の絶対的必要記載事項

図表４－４の①～③は記載必須ですが、内容は問われません。就業規則の内容は、ハローワークで求人が出せる程度の法令遵守がなされていれば構いません。ただし、実態をみると法令違反の場合もあるので、確認のポイントに該当しないか注意しましょう。

就業規則の相対的必要記載事項

図表４－５の８項目のうち、助成金の関連で就業規則に記載する可能性が高いのは、①退職金と②賞与と最低賃金に関する事項です。助成金の申請では、労働局が確認する項目は決まっているため、その他の③～⑧は確認されることがないです。雇用環境・均等部（室）以外は、条文をすべて確認することはないといえるでしょう。

▷就業規則の絶対的必要記載事項　[図表 4 − 4]

記載事項	確認のポイント
① 始業および終業の時刻、休憩時間、休日、休暇ならびに交替制の場合には就業時転換に関する事項	☑始業・終業時刻、休憩時間、休日 就業規則と実態に相違がないか、事業主と確認します。 ☑週の休日数 1 日 8 時間・週 40 時間労働なのに休日が日曜日と国民の祝日だけというケースをよく目にしますが、週休 2 日制にしないと助成金は申請できません。 ☑深夜労働の割増賃金 支払いしていない、もしくは法令で定められた割増率より少ないことがあります。 そもそも 22 時〜5 時までの間に労働させた場合、割増賃金の支払いが必要になることを知らない事業主も多いです。
② 賃金の決定、計算および支払いの方法、賃金の締切りおよび支払いの時期ならびに昇給に関する事項	☑賃金の締切日・支払日 多くの助成金は、賃金支払日の翌日から 2 か月以内なので、助成金の審査でも確認されます。 ☑賃金支払日が土日になった場合の対応 金曜日に支払うのか、月曜日に支払うのかにより、助成金の申請期限が変わってきます。
③ 退職に関する事項（解雇の事由を含む。）	☑定年年齢 定年退職が何歳かにより、助成金の対象社員の年齢が変わったり、定年延長の助成金の対象社員が変わってきたりするので、定年年齢は重要です。

▷就業規則の相対的必要記載事項　[図表 4 − 5]

記載事項
① 退職手当に関する事項
② 臨時の賃金（賞与）、最低賃金額に関する事項
③ 食費、作業用品などの負担に関する事項
④ 安全衛生に関する事項
⑤ 職業訓練に関する事項
⑥ 災害補償、業務外の傷病扶助に関する事項
⑦ 表彰、制裁に関する事項
⑧ その他全労働者に適用される事項

助成金申請においては、退職金がない場合、就業規則に退職金の条文を作成した上で「退職金は制定しない」と明記するほうが良いです。同様に退職金を廃止したときには、就業規則から退職金の条文を削除するのではなく、「退職金は廃止した」と記載します。就業規則に条文がない＝制度は廃止されたとはみなされません。いずれにしても、退職金の扱いを明確に記載しておくことが必要です。

同様に昇給や賞与についても、対象者を明確にしておきます。

その他規程

顧客が保有している「就業規則」の内容を確認すると、「賃金については別に定める賃金規程による」とか「退職金は別に定める退職金規程による」とか記載されていても、実際には「賃金規程」も「退職金規程」も作成していないことがあります。その他規程を確認せずに助成金申請をすると、労働局から提出を求められたときに提出できず、助成金が不支給になる可能性が出てきます。したがって、その他規程の有無の確認は重要です。

また、新型コロナウイルス感染症をきっかけに在宅勤務を導入している企業が増加したことにより、助成金を申請する対象となる社員が在宅勤務をしているケースも増えました。この場合は、「在宅勤務規程」が必要になります。「就業規則」に在宅勤務の条文を追加してもいいですが、円滑な助成金審査のためには、就業規則とは別に「在宅勤務規程」があるほうが好ましいです。また、書式は自由ですが、在宅勤務をしている日については、勤務日報の提出も求められます。

他にも、育児系または介護系の助成金では、「育児・介護休業規程」が必要になります。特にここ数年は、育児休業に関する法改正が連続しているので、最新法令の内容に即した「育児・介護休業規程」を用意しておかなければなりません。

就業規則の労働基準監督署への届出

社員が10名以上の企業に、「就業規則」等の労働基準監督署への届出が求められることはいうまでもありません。ただし、10名以上の企業なのに労働基準監督署に就業規則の届出がされていなかったからといって、申請を断念する必要はありません。もし、申請する企業が就業規則の届出を失念していた場合は、「助成金を申請する日まで」に就業規則を制定した日に遡及して管轄の労働基準監督署に届出しておけば、確実に助成金は支給されます。

制定日（改定日）に遡及して就業規則の届出をする場合、ときどき労働基準監督署の担当者が、日付が間違っているのではと確認をしてくることがあります。その際は、「助成金申請のため日付を遡及して届出します」と言えば、特に日付の遡及について、それ以上追及されることはありません。

なお、36協定の届出が必要な助成金は、日付を遡及しても認められません。労働基準監督署も受理はしますが、届出日より前の日については無効とします。

しかし、就業規則に助成金申請で必要な条文が記載されていない場合、もしくは記載内容に不備がある場合は、助成金は不支給決定される可能性が高いです。たとえ労働局から就業規則の不備を指摘された後に就業規則の条文を変更しても、支給へと変わる可能性はほとんどありません。一方で、前述の通り「助成金申請する日まで」に変更しておけば、ほとんどの助成金は支給されるので、就業規則の記載内容の確認は極めて重要な作業になります。

就業規則を労働基準監督署に紙で届出をした場合は、就業規則（変更）届、意見書、就業規則本則の表紙、その他規程、それぞれの表紙に労働基準監督署が押印します。意見書は、就業規則などを社員に周知した証明に使える場合があるので、助成金によっては周知文書の作成を省略できます。

就業規則は、電子申請で届出したほうが便利ですが、申請してから受理されるまでに時間がかかるときがあるので、急ぐ場合は直接労働基準監督署に持ち込むほうが確実です。ただし、窓口に持参する場合、ときどき労働基準監督署の職員が押印漏れをすることがあるので、すべてに労働基準監督署の押印がされているか、確認することが必要です。また、市区町村によっては、管轄のハローワークと管轄の労働基準監督署が違うことがあるので、注意してください。もし、管轄外の労働基準監督署に就業規則を持参してしまった場合は、就業規則に押印してもらえません。

▷「就業規則の表紙」ひな形　［図表４－６］

▷「就業規則（変更）届」記載例

［図表４－７］

就業規則（~~変更~~）届

令和 5 年 8 月 28 日

▲▲＿＿＿＿＿＿ 労働基準監督署長　殿

今回、別添のとおり当社の就業規則を制定・変更いたしましたので、意見書を添えて提出します。

主な変更事項

条文	改　正　前	改　正　後

労働保険番号	都道府県		所轄	管轄		基幹番号						枝番号			被一括事業番号			
	1	3	1	2	5	1	2	3	4	5	6	0	0	0				

ふりがな 事業場名	株式会社○○	
所在地	○○市□町 1-2-3	TEL 00-000-0000
使用者職氏名	○○　○○	
業種・労働者数	サービス業	企業全体　10 人 事業場のみ　10 人

［前回届出から名称変更があれば旧名称
また、住所変更もあれば旧住所を記入。］

厚生労働省ホームページより一部加筆

▷「意見書」記載例

[図表４－８]

意　見　書

令和　5　年　8　月　27　日

株式会社〇〇

代表取締役　〇〇　〇〇　殿

令和　5　年　8　月　27　日付をもって意見を求められた就業規則案について、下記のとおり意見を提出します。

記

特に意見はありません

労働組合の名称又は労働者の過半数を代表する者の　職名　事務
氏名　▲▲　▲▲

労働者の過半数を代表する者の選出方法　（　投票　）

厚生労働省ホームページより一部加筆

セミナー申込方法

- 下記の内容をFAX または E-mailにて株式会社日本法令セミナー係までお送りください。専用郵便払込用紙＆ご請求書をお送りします。
- QRコードを読み取ってオンラインショップにアクセスするとクレジットカード決済のご利用が可能です。
- 弊社刊行雑誌の定期購読会員会員制有料サイト「社労士情報サイト（ＳＪＳ）」会員の方は会員割引価格が適用されます。詳しくは下記QRコードよりオンラインショップにアクセスのうえご確認ください。

FAX → 03-6858-6968　E-mail → seminar@horei.co.jp

オンラインショップURL→
https://www.horei.co.jp/iec/products/view/3335.html

購入希望商品	価　格（税込）		
	一　般	雑誌定期購読	ＳＪＳ
不支給・不正受給を防ぐ！ 社労士のための 助成金申請リスクヘッジ講座	14,850円	12,650円	10,450円

貴社名・事務所名	
お名前	E-mail
ご住所　〒 TEL　（　）　／　FAX　（　）　（該当にレ点：□自宅　□会社・事務所）	
個人情報の取扱い（下記）　□同意する　□同意しない	

個人情報の取扱いについて

1．個人情報の利用目的　.皆様の個人情報は，当社商品のご注文の確認，Webサービス・セミナー等への申込みの確認，商品のお届け，Webサービス・セミナー等のご提供，バージョンアップなどのご案内情報の配信，商品等の料金のご請求，そのお支払いの確認，商品等の改善，改良のためのアンケート調査の実施，また新商品，新サービスなどをご案内するために利用させていただきます。
2．個人情報の第三者への提供　.当社は，登録された個人情報を，ご本人様の承諾なしに第三者（当社と契約を締結した業務委託先を除く）に提供することはいたしません。
3．個人情報の開示・訂正・利用停止等の対応窓口　.皆様は，当社が保有するご自身の個人情報について開示を請求することができます。またその結果，必要な場合は訂正を求めることができます。その他，個人情報の利用停止，問合せや苦情・相談などを申し付けることができます。当社では，これらを受け付けた場合，合理的な範囲で適切に対応させていただきます。また，そのために専用の窓口を開設しています。開示等請求方法につきましては，当社ホームページの会社案内からプライバシーポリシーの「個人情報の取り扱いについて」の内容をご確認ください。
4．お客様の任意性　.個人情報の提供はご本人の任意ですが，提供されなかった場合には，お問合せ等にお答えすることができない場合がございますのでご了承ください。

（個人情報保護に関するお問合せ）お問合せ先は上記 に同じ
9:00 ～ 17:30（土曜･日曜･祝日，年末年始及び弊社休日を除く）
株式会社日本法令 個人情報保護管理者　佐藤滋生

4 労働条件通知書（または雇用契約書）

助成金申請では、労働条件通知書または雇用契約書を使用します。雇用契約書を使う場合、企業と社員の押印が必要となりますが、記載に誤りが見つかる度に押印してもらうのは現実的ではありません。そのため当社では、顧客企業に対し、押印が不要の労働条件通知書を推奨しており、雇用契約書を使用している企業にも労働条件通知書に切り替えてもらっています。

助成金申請では、提出する賃金台帳に記載されている賃金が示されている労働条件通知書が必要になります。例えば、令和５年１月から令和５年12月までの１年分の賃金台帳を提出する場合は、その間の賃金が記載されている労働条件通知書をすべて提出します。

賃金の額の変更または、支給される手当が増えたら、その都度、労働条件通知書を作成します。

労働基準監督署は、記載されている賃金が賃金台帳の金額と合っているかだけでなく、勤務時間や休日など「労働条件通知書に記載されている内容」と「就業規則の内容」が合っているかも確認しています。

▷労働条件通知書　記載例

［図表４－９］

労働条件通知書

<table>
<tr><td colspan="2">2024年4月1日
○○　○○　殿
事業場名称・所在地 株式会社○○
東京都○○区○町1-2-3
使用者職氏名 代表取締役　▲▲　▲▲</td></tr>
<tr><td>契約期間</td><td>期間の定めなし、期間の定めあり（2024年4月1日～2025年3月31日）</td></tr>
<tr><td>雇用区分</td><td>有期契約社員</td></tr>
<tr><td>就業の場所</td><td>（雇入れ直後）上記住所
（変更の範囲）会社の定める場所（テレワークを行う場所を含む）</td></tr>
<tr><td>従事すべき業務の内容</td><td>（雇入れ直後）事務業務および、その他の付随業務
（変更の範囲）会社の定める業務</td></tr>
<tr><td>就業時間</td><td>始業及び終業の時刻　9時00分～18時00分（8時間）
休憩時間　12時00分～13時00分（60分間）</td></tr>
<tr><td>所定時間外労働の有無</td><td>1　所定時間外労働（有・無）
2　休日労働（有・無）</td></tr>
<tr><td>休日</td><td>週休2日（土曜日、日曜日、国民の祝日、会社が指定した日）</td></tr>
<tr><td>休暇</td><td>年次有給休暇　就業規則に定めたとおり</td></tr>
<tr><td>賃金</td><td>1　給与　月給
<table><tr><td>基本賃金</td><td>240,000円</td><td></td></tr><tr><td>固定残業手当</td><td>37,500円</td><td>時間外労働20時間分</td></tr><tr><td>合　計</td><td>277,500円</td><td></td></tr><tr><td>通勤手当</td><td>円</td><td>実費</td></tr></table>2　所定時間外、休日または深夜労働に対して支払われる割増賃金率
イ　所定時間外　25％　ロ　休日　35％　ハ　深夜　25％
3　賃金締切日－毎月末日　賃金支払日－翌月25日
4　労使協定に基づく賃金支払時の控除（有・無
5　昇降給（有・無
6　賞　与（有・無
7　退職金（有・無</td></tr>
<tr><td rowspan="3">契約更新</td><td>1　契約更新の有無
イ　自動的に更新する　ロ　更新する場合がありえる　ハ　更新しない
2　有期契約の更新の有無の判断は、次のいずれかによる。
・契約期間満了時の業務量　・従事している業務の進捗状況
・職務遂行能力　・勤務成績、勤務態度
・会社の経営状況　・その他（　　　）
3　更新上限の有無（無・有（更新　回まで／通算契約期間　年まで）</td></tr>
<tr><td>【労働契約法に定める同一の企業との間での通算契約期間が5年を超える有期労働契約の締結の場合】
本契約期間中に会社に対して期間の定めのない労働契約（無期労働契約）の締結の申込みをすることにより、本契約期間の末日の翌日（2029年1月1日）から、無期労働契約での雇用に転換することができる。
この場合の本契約からの労働条件の変更の有無（無・有（別紙のとおり））</td></tr>
<tr><td>【有期雇用特別措置法による特例の対象者の場合】
無期転換申込権が発生しない期間：Ⅰ（高度専門）・Ⅱ（定年後の高齢者）
Ⅰ　特定有期業務の開始から完了までの期間（　　年　　か月（上限10年））
Ⅱ　定年後引き続いて雇用されている期間</td></tr>
<tr><td>退職に関する事項</td><td>1　定年制（有（60歳））ただし、希望者は65歳まで再雇用する。
2　自己都合退職の手続き（退職する30日以上前に文書により届け出ること）
3　解雇の事由及び手続き（就業規則による）</td></tr>
<tr><td>その他</td><td>・雇用管理の改善等に関する事項に係る相談窓口
部署名　人事部　担当者職氏名　●●　●●（連絡先内線303）
・その他上記に定めのないものは、就業規則の定めるところによる。
・就業規則を確認できる場所や方法（事務所内のキャビネットに備付）</td></tr>
</table>

▷助成金申請のために労働条件通知書に記載必須の事項　[図表4－10]

記載事項	確認のポイント
① 労働契約の期間	☑労働契約期間の定義 期間の定めなし、もしくは期間の定めありの2区分ですが、助成金申請では、就業規則における定義を記載したほうが良いです。 ☑正社員の労働契約期間の定義 正社員、短時間正社員、職務限定正社員、無期契約社員など、すべて期間の定めなしですが、それぞれの労働者について就業規則で明確に定義されているか確認します。 ☑有期契約社員の労働契約期間の記載 期間の定めありの場合も、助成金を申請する上では就業規則に定義を記載する必要があります。また、契約期間が記載されているかも確認します。
② 就業の場所および従事する業務	☑就業の場所 会社勤務なのか在宅勤務なのか、あるいは、派遣社員として他の会社で働くのかを確認します。 ☑従事する業務 従事する業務が多岐にわたるのか、業務が限定されるのか、明確にする必要があります。
③ 労働時間や休日・休暇に関する事項	☑始業・終業の時刻 交代制なら、早番、遅番の始業・終業時刻を確認します。 ☑時間外労働の有無 時間外労働がある場合は、36協定の届出を確認します。 ☑休憩時間の設定と実態 1日8時間労働なのに45分休憩など、法令違反になっていないか、実際に休憩を取れているのか確認します。 ☑休日 休日が何曜日なのか、週何日なのか確認します。助成金申請で重要な項目で、法令違反になっていることが多いです。休日カレンダーを作成して、週および月の所定労働時間を確認します。

④ 賃金に関する事項 (賃金締切日と支払日)	☑固定残業手当（固定深夜手当）の有無 固定残業手当（固定深夜手当）がある場合は、金額の内訳と、時間外労働時間・深夜労働時間が記載されているか確認します。 ☑昇給の有無 昇給がある場合は、昇給月を確認します。 ☑賞与の有無 賞与がある場合は、支給月を確認します。
⑤ 退職に関する事項	☑定年年齢・継続雇用年齢の設定の存否 何歳で定年になるのか、継続雇用年齢は設定されているのかなど、記載内容について確認します。

5　スケジュール管理

社労士が助成金申請代行でよくする失敗の１つは、申請期限を守れないという単純なミスです。

この点を踏まえ、助成金申請においてはスケジュール管理が非常に重要です。管理方法としては、手書きのノートを使っても、エクセルで行っても問題ありません。当社では、一般的に「グループウェア」と呼ばれるシステムを用いて、助成金のスケジュール管理をしています。グループウェアを販売している業者は30社以上あるので、無料試用期間を活用して自分に合うグループウェアを選択することをおすすめします。ただし、ITの知識がないとグループウェアを活用しきれないので、注意してください。

また、どれだけ優れたシステムを使用しても入力するのは人間なので、入力者がデータ入力を誤れば、助成金申請のスケジュールは正確に表示されません。そのため当社では、人為的ミス防止のため、毎週月曜日にシステム内の全申請スケジュールを確認しています。業務を見直して、生産性を向上させるデジタル化は取り入れてシステムを活用しつつも、ミスが許されない助成金のスケジュール管理についてだけは地道な手作業を続けています。その地道な努力の成果もあって、当社では、申請期限を失念して助成金申請を失敗した例は、過去に一度もありません。

ちなみに、労働局では提出された助成金申請書類を紙の台帳で管理しています。助成金申請代行の実務においては、社労士もグループウェアのようなシステムではなく、紙でのスケジュール管理をするのが最も確実でしょう。実例としては、15 年前に「消えた年金記録」という大問題が発生したときに、システムで年金記録を管理していた厚生年金の記録には不備があったのに、紙で年金記録を管理していた公務員の共済年金は、まったく問題なく正確に記録されていたことが挙げられます。したがって、紙による管理は悪くないといえます。ただし、紙によるスケジュール管理は手間がかかり、生産性が極めて低いので、効率を重視する場合はシステムによる管理が適しています。

システムでの管理と紙での管理の選択は、助成金申請代行を行う社労士自身が、自分に合う管理方法を決めるしかありません。

第5章

知らないと不支給になる
「人気の五大助成金」申請ポイント

助成金申請では、インターネットの情報に惑わされないようにすることが重要です。各労働局によってローカルルールがあるので、同じ社労士が作成した申請書でも、東京労働局では支給されたのに神奈川労働局では不支給になったとか、大阪労働局では支給されたのに滋賀労働局では不支給になったという事例はよくあります。労働局の裁量に任されているところがあるため、インターネットの情報ではなく、管轄の労働局に直接確認することが必要です。

このとき、電話で相談すると、つい自分に都合の良いように解釈してしまい、後から解釈が間違っていたと判明することがあるので、できれば労働局の窓口まで出向いて確認することをおすすめします。助成金の手引きや帳票を労働局の担当者と一緒に見ながら相談したほうが間違える可能性が低くなります。

もし電話で確認するときは、回答した職員の氏名を必ず確認してください。理由は、労働局から何を根拠にしたのか尋ねられたとき、質問に回答した職員の氏名が必要になるからです。ただし、回答した職員の氏名を確認し、その職員の回答が間違っていたために不支給なったからといって、助成金の不支給決定が覆されることはありません。

当社では、電話で確認する場合、労働局に何回か電話をして複数の職員から同じ回答を得られたら、回答内容は正しいと判断するようにしています。ときどき異なる回答をされることがありますが、その場合は労働局の窓口に出向いて確認をします。なお、確認は「管轄の都道府県労働局」で行いましょう。書類の受付け業務を主とするハローワークよりも、正確な回答を得られる可能性が高いです。

1 申請件数 No.1 助成金 キャリアアップ助成金（正社員化コース）

助成金の概要

キャリアアップ助成金（正社員化コース）は、平成25年6月に創設されて以来、厚生労働省の代表的な助成金として多くの企業が申請してきました。本助成金は、助成金ビジネスに参入している社労士の99%が取り扱っている申請件数No.1の助成金です。

それでも、実際に本助成金の支給申請をしている企業の割合は、中小企業全体のわずか1〜2%程度にとどまっているので、現在も社労士が提案できる中小企業はたくさん残っているといえます。

また、令和4年10月以降、申請条件が一層厳格化され、不支給決定または助成金の減額が増加しています。すなわち、中小企業にとって助成金申請のハードルの上昇を意味し、社労士の適切なサポートやアドバイスへのニーズが高まっているといえます。

○支給対象となる社員

本助成金は、有期契約社員、パートタイマー、アルバイトなどの非正規社員を正社員に転換する際、または派遣社員を直接雇用する際に支給されます。つまり、次の3通りが考えられます。

・有期契約社員から正社員への転換
・無期契約社員から正社員への転換
・派遣社員から正社員への直接雇用

ポイント

助成金の用語に関する定義は、図表５－１の通りです。助成金においては、「正社員」や「契約社員」といった用語の定義が、社労士が一般的に認識しているものと異なる場合があります。定義を間違えると、助成金が不支給になる可能性もあるので要注意です。

▷用語の定義と正社員化コース特有の確認のポイント　[図表５－１]

労働者名称	労働者の定義と確認のポイント
① 正社員	従来、正社員は、週35時間以上勤務する社員とされ、週35時間未満勤務の場合は、無期契約社員とみなされていました（ただし、週35時間未満勤務する正社員が存在する場合、短時間勤務でも正社員とみなされる可能性があります）。近年、週休3日制推奨の動きを踏まえて、労働局によっては週35時間未満の勤務でも正社員と判断することがあり得ます。管轄の労働局に確認してください。 勤務時間の他、判断の基準にされやすいのは、下記の2点です。 なお、就業規則における定義では、期間の定めのない労働契約により、正規の社員として採用された者とされています。 ☑社会保険への加入 法人に勤務している正社員、短時間正社員は、所定労働時間に関係なく、社会保険への加入が必須条件となります。 ☑「昇給」「賞与または退職金」の有無 正社員として認定されるためには、「昇給」および「賞与または退職金」が支給されていることが必須条件となります。 【事前に労働局に確認すべき「正社員」の定義】 転換後の身分が正社員と認められず、無期契約社員扱いになると、有期契約社員から転換しても、助成金は支給されません。そのため、以下の3つに該当する社員について申請するときは、「正社員」と認められるのか事前に労働局に確認しましょう。 ☑時給の正社員 労働局によっては、「時給の正社員」を無期契約社員（パートタイマー）とみなし、非正規社員扱いにされる可能性があります。 ☑週の所定労働時間が35時間未満の正社員 週の所定労働時間が35時間未満の場合、非正規社員扱いにされる可能性があります。 ☑勤務実態が所定労働時間より著しく短い正社員 労働条件通知書には週35時間勤務とあるのに、転換後の実態は週20時間勤務という場合、正社員として認定されない可能性があります。 また、身分は正社員でも、労働時間が常時週20時間勤務以下の場合、無期契約社員扱いにされる可能性があります。 【有期契約社員から正社員への転換の場合】 ☑勤続6か月以上5年以下の有期契約社員または勤続6か月以上の無期契約社員から正社員に転換すると助成金が支給されます。 なお、正社員化した日から定年までの期間が1年以上あることが必須条件となります。

労働者名称	労働者の定義と確認のポイント
多様な正社員（共通）	通常の正社員と異なる賃金の算定方法、待遇は原則認められません。
② 短時間正社員（多様な正社員）	短時間正社員は、正社員に比べて週の所定労働時間が短い社員を指します。労働局によって短時間正社員の認定基準が異なるため、管轄の労働局に確認してください。 ☑正社員との勤務時間の違い 数年前までは、正社員より1時間以上は所定労働時間が短くないと本助成金の対象になりませんでしたが、今は何分というような制限はなくなりました。正社員が1日8時間勤務の場合、1日7時間30分勤務でも短時間正社員として助成金申請は通ります。 ☑社会保険への加入 強制適用事業所の場合、週の所定労働時間が正社員の4分の3未満でも社会保険への加入が必須条件となります。 ☑転換後の業務に従事する正社員の有無 短時間正社員に転換する時点で、他に正社員が誰も在籍していないと無期契約社員とみなされ、助成金は支給されません。
③ 職務限定正社員（多様な正社員）	職務限定正社員は、高度な専門性を必要とする業務や資格が必要な職務に従事し、専門的に当該職務にのみ従事する正社員を指します（令和5年度補正予算で助成金が拡充された際に、職務限定正社員の認定基準が厳しく改定されました）。例えば、法人顧客を対象とした営業業務にのみ従事する社員というだけでは、高度性がないため、職務限定正社員に該当しません。 ☑転換後の業務に従事する正社員の有無 職務限定正社員に転換する時点で、他に正社員が誰も在籍していないと助成金は支給されません。
④ 勤務地限定正社員（多様な正社員）	勤務地限定正社員は、転勤範囲が限定されていたり、転居を伴う転勤がない社員を指します。 ☑転換後の業務に従事する正社員の有無 地域限定正社員に転換する時点で、他に正社員が誰も在籍していないと助成金は支給されません。
⑤ 無期契約社員	無期契約社員は、雇用期間の定めがない契約により雇用される者で、正社員以外の者と定義されます。原則定年まで雇用が続くことになりますが、非正規社員です。転換月が定年になる月の1年以内の場合は支給されません。
⑥ 有期契約社員	有期契約社員は、「期間の定めのある労働契約により採用された者で、有期契約社員の雇用契約期間は5年以下とする」という文言に該当する者をいいます。 ☑就業規則上の有期契約社員の定義に契約期間が明記されている 上記の文言が就業規則上の定義に記載されていることが、助成金申請の必須条件となります。

○支給内容

中小企業においては、有期契約の社員を正社員に転換するケースで不正申請が多いです。本書では、このケースに絞って掲載します。

令和５年度の補正予算で加算措置の追加・変更がありました。初めて正社員化コースを申請する場合は、20 万円の加算、初めて多様な正社員への転換をする場合は、40 万円の加算となります。助成金額が大きいため、今後、不正申請が行われる可能性があり、審査や提出書類が、より厳正に見られると予想されます。厚生労働省は早くも「既に有期→正規の転換規定があったにもかかわらず、新たに規定したとして虚偽の申請を行った場合は、原則、不正受給に該当します」と注意喚起をしています。

▷**助成金額**　　[図表５－２]

	転換時期	令和５年 11 月 28 日まで	令和５年 11 月 29 日以降
有期契約社員から正社員への転換		57 万円	80 万円（40 万円× 2 回）
加算措置	正社員転換制度を新たに規定し、転換した場合	0 円	20 万円
	多様な正社員（短時間正社員・勤務地限定正社員・職務限定正社員）制度を新たに規定し、転換した場合	95,000 円	40 万円

不用意にしてしまう不正申請の実例

「正社員化コース」でよく見られる不正申請は以下の３つです。

実例 1　正社員として採用したのに有期契約社員として助成金申請

正社員として採用した社員を有期契約社員として登録し、助成金を申請するのは、たとえ社員本人が同意していても不正申請です。

なお、正社員の求人に応募してきた人に対して、スキル不足などの理由で正社員ではなく有期契約社員として採用することを打診し、本人が同意した場合は、助成金申請が可能です。ただし、入社後６か月経過したら、有期契約社員から正社員にすることを約束して採用する場合などは、助成金の申請はできません。

実例 2 「3親等以内の親族」や「委託社員」であることを隠して助成金申請

「3親等以内の親族」、つまり、役員の姻族を含む3親等以内の親族は助成金の対象外です。結婚によって姓が変わった親族も、当然助成金の対象外です。

また、正社員化する日の前日から過去3年以内に請負や委任の関係にあった人も助成金の対象外です。例えば、建設会社で下請をしていた個人事業主を有期契約社員として採用しても、助成金は申請できません。

実例 3 出勤簿や賃金台帳を改ざんして助成金申請

出勤簿や賃金台帳は法定三帳簿として作成する義務があります。それらを改ざんして助成金を申請する行為は、当然不正申請になります。例えば、出勤簿を作成していない場合、後から定時出社・定時退社をしていたかのように出勤簿を作成することや、時間外労働手当を適当に追加することは不正です。社労士がこのような状況を知りながら申請代行すると、共謀とみなされる可能性があります。

労働局に提出する書類は、事業所で保管している原本のコピーでなければなりません。実際には、タイムカードで勤怠管理をしているにもかかわらず、それをエクセルなどに転記して提出することも不正申請に該当します。ただし、タイムカードが不鮮明で読み取りにくい場合、補足資料としてエクセルを提出することは許されます。

なお、その補足資料は事業主が作成して、保管しておく必要があります。社労士ができるのは作成のアドバイスまでで、補足資料の作成そのものを行うのではありません。

2　申請難易度最高レベルの助成金
両立支援等助成金
（育児休業等支援コース）

助成金の概要

産前休業に入る前に作成した「育休復帰支援プラン」に沿って、社員の円滑な育児休業の取得・職場復帰の取組みをした中小企業に助成金を支給します。

育児休業等支援コースは、添付する提出書類が他の助成金より多く、毎年審査基準が厳しくなっているため、申請難易度は極めて高いですが、事業主の申請ニーズも高い助成金です。

○支給対象となる社員

本助成金は男女を問わず申請可能ですが、少なくとも３か月間連続で育児休業を取得する必要があるため、申請の大半は女性社員です。また、助成金を申請できる対象者は、１企業につき、期間の定めがない社員１名と、期間の定めがある社員１名、合計で２名までになります。

なお、対象社員が「育休復帰支援プラン」の作成日の時点で期間の定めがある社員であれば、その後正社員に転換しても期間の定めがある社員としてカウントされます。

とはいえ、期間の定めがある社員やパートタイマーなどの非正規社員が育児休業を申し出るケースは少なく、女性の正社員が対象となっているのが実態です。

○支給対象となる事業主の主な条件

中小企業の事業主が対象となります。

▷助成金額

[図表５－３]

助成金名	助成金額	支給人数／回数
育休取得時	30 万円	１事業主２回まで （無期雇用者・有期雇用者：各１回）
職場復帰時	30 万円	１事業主２回まで （無期雇用者・有期雇用者：各１回）

○支給対象となる主な条件

特有の条件としては、対象者が産前休業に入る前までに、以下の（1）～（4）の作成・整備をすることが挙げられます。

(1)「面談シート」の作成

対象となる社員が産前休業に入る前に、上司や人事担当者との面談を行い、その結果を「面談シート」の左半分に記録します。その際、面談を行った日付や打合せ内容などを記載します。シートの右半分には、育休期間中の担当業務の変更や時短勤務といった会社への依頼事項などを記載します。年々、「面談シート」の審査が厳しくなっているため、日付の間違いや記載内容の入力漏れがないように注意が必要です。

▷「面談シート」ひな形

[図表５－４]

〈【育】様式第２号（女性）（R5.4.1 改正）〉

取得予定者 報告欄［部署：　　　　　社員番号：　　　　　氏名：　　　　　］

育休復帰支援面談シート〈休業前〉

<u>労働者から妊娠報告を受けたら、休業前までの働き方について本人と話し合いましょう。</u>

質問事項	記載方法	記載内容
出産予定日は いつですか？	日付を確認してください。	年　　月　　日
産前休業はいつから 取得しますか？	産前休業は、出産予定日を含め 42 日前（多胎妊娠は 98 日前）から 実際の出産日まで取得可能です。 取得する場合は、取得開始予定日を 確認してください。	年　　月　　日
育休の取得予定は ありますか？	取得予定期間を確認してください。	年　　月　　日～　　年　　月　　日 ※所定の期日までに育児休業申出書にて申し出てください
体調面で、周囲に 配慮してほしいことは ありますか？	体調面で何か気になることが あるか確認し、記載してください。	
業務の引き継ぎ スケジュールを 話し合いましょう	休業前に、業務の進捗状況を整理し、 本人と「誰に」「いつ」「どうやって」 引き継ぎを行うか相談してください。	

上司 記入欄	人事・総務担当者 記入欄					
面談日：　　／　　／	人事・総務担当者確認		上司確認		本人確認	

<u>休業の２か月前になったら、休業中や復帰後について本人と話し合いましょう。</u>

前回の面談からの 変更点はありますか？	産前休業の取得開始予定日や育休の 予定期間など、前回の面談時から 変更点があるか確認してください。	
休業中の連絡先を 教えてください （※任意）	休業中に会社から連絡する場合の 連絡先を記載してください。 郵便物送付先が期間によって異なる 場合は、人事・総務担当者が わかるように確認してください。	1. 電話番号： 2. FAX： 3. メールアドレス： 4. 郵便物（　　月～　　月まで）〒 （　　月～　　月まで）〒 （　　月～　　月まで）〒
現在考えている 「復帰後の就業イメージ」 をお聞かせください	復帰前に改めて確認しますので、 「現時点での」イメージを確認し、 ○をつけてください。	①休業前と同じ働き方をしたい ②「育児時間」（1 日 2 回各々少なくとも 30 分。 子どもが 1 歳になるまで）を利用したい ③所定労働時間を短縮したい （期間はいつまでを考えていますか？） ［　　時　　分～　　時　　分］（　　　まで） ④時間外労働・休日労働・深夜労働を免除してほしい ③その他（　　　　　）
その他、休業に向けて 上司に相談したい・ 伝えておきたいことは ありますか？	何か気になることがあるか確認し、 記載してください。	

上司 記入欄	人事・総務担当者 記入欄					
面談日：　　／　　／	人事・総務担当者確認		上司確認		本人確認	

※面談が終わったら、上司と人事・総務担当者は「本シートのコピー」を保管してください。

育休復帰支援面談シート〈休業中・復帰後〉

<u>休業終了予定の１～２か月前になったら、今後の働き方について本人と話し合いましょう。</u>

質問事項	記載方法	記載内容
職場復帰日の変更希望はありますか？	変更の有無と、変更の場合は日付を記載してください。	①あり（　　年　　月　　日）　②なし
就業中の保育者（予定）を教えてください	該当するものに○をつけてください。	①認可保育園　②認可外保育園　③配偶者　④親・親族 ⑤その他（　　　　　　）
保育園利用予定の場合、現在の状況を教えてください	該当するものに○をつけてください。	①確定　②結果連絡待ち　③第２希望以降は確定　④未定
日常的に育児を担う家族やサポートしてくれる方はいますか？	該当するものに○をつけてください。	①受けられる (配偶者／親・親族／民間サービス／その他（　　　　　）) ②受けられない
緊急時に育児のサポートをしてくれる方はいますか？	該当するものに○をつけてください。	①受けられる (配偶者／親・親族／民間サービス／その他（　　　　　）) ②受けられない
勤務時間についての希望を聞かせてください	該当するものに○をつけてください。 ③と④については、希望期間を確認してください。	①育休取得前と同じ働き方をしたい ②「育児時間」（1 日 2 回各々少なくとも 30 分。子どもが 1 歳になるまで）を利用したい ③所定労働時間を短縮したい [　　時　　分～　　時　　分] →時間短縮を希望する場合、期間はいつまでを考えていますか？（　　年　　月まで） ④深夜労働・休日労働を免除してほしい →免除を希望する場合、期間はいつまでを考えていますか？（　　年　　月まで） ⑤その他（　　　　　　）
所定外・時間外労働に関して配慮が必要ですか？	該当するものに○をつけてください。	①所定外労働の免除 ②時間外労働の制限（月 24 時間、年 150 時間まで） ③その他（　　　　　　）
遠距離の外出や出張に関して配慮が必要ですか？	配慮が必要な場合は、具体的に確認してください。	
職場復帰後の業務内容や役割分担などについての要望はありますか？	業務上の要望があるか確認してください。	※原則として育休取得時に交付した取扱通知書のとおりとなる点確認してください
仕事をする上で、周囲に配慮してほしいことはありますか？	何か気をつけてほしいことがあるか確認してください。	
その他、復職に向けて相談・連絡事項はありますか？	本人やお子さんの体調面のことなど、懸念点を確認し記載してください。 （育休中に資格取得をしたか確認し、その内容を記載してください）	

上司 記入欄	人事・総務担当者 記入欄
面談日：　　／　　／	人事・総務担当者確認　　　上司確認　　　本人確認

<u>復帰から２か月経ったら、復帰後の就業状況について本人と話し合いましょう。</u>

復職後の就業状況について共有しましょう	現在の状況とともに、業務・体調・育児の面などで気になることがあるか確認しましょう。	

上司 記入欄	人事・総務担当者 記入欄
面談日：　　／　　／	人事・総務担当者確認　　　上司確認　　　本人確認

厚生労働省「育休復帰支援面談シート」より

(2)　「育休復帰支援プラン」の作成

社員から妊娠について報告され、育休取得の希望があった後、最初の面談で「面談シート」を、その後「育休復帰支援プラン」を作成します。対象者は「育休復帰支援プラン」に従って産前休業開始日までに業務の引継ぎを行う必要があります。

助成金が支給される「育休復帰支援プラン」の作成には、以下のⓐ・ⓑ両方が記載されていることが必須条件です。

ⓐ　育児休業を取得した社員に対する、円滑な育児休業取得のための業務整理や引継ぎに関する措置
ⓑ　育児休業を取得した社員に対する、職場復帰を支援するための育児休業中の職務や業務内容に関する情報および資料の提供に関する措置

また、「育休復帰支援プラン」に記載された日付に誤りがあると、助成金の不支給が決定される可能性があるため、日付の記載には十分注意が必要です。

例えば、初回面談日が令和６年３月８日なのに、「育休復帰支援プラン」の策定日が令和６年３月７日であれば、初回面談日の前に「育休復帰支援プラン」が作成されていたことになり、助成金は不支給決定となります。「うっかり日付の記載を間違えました」と申し出をしても、受け付けられません。

対象者が上司に妊娠を報告した後、図表５－６の上から順に時系列に沿って必要な項目を確認すれば、日付の誤記は避けられます。本助成金で一番、細心の注意を払うのが日付の記入です。

▷「育休復帰支援プラン」ひな形

[図表５－５]

〈【育】様式第３号（R4.7.1 改正）〉

育休復帰支援プラン

計画策定日：　　　年　　月　　日

対象従業員　氏名			
予定	出産予定日		
	産前休業開始日		
	育児休業 （産後パパ育休） 取得期間		
実績	出産日		
	産前休業開始日		
	育児休業 （産後パパ育休） 開始日		
育休取得・職場復帰に関する確認事項	育児休業等に関する個別の周知状況（義務）	対象従業員に説明した日	年　月　日
	育児休業等に関する意向確認（義務）	意向確認日	年　月　日
	職場の状況	代替要員の確保が難しい・シフト制（土日勤務・夜勤あり）である ・所定外労働が多い・体力を要する仕事が中心である ・作業手順等の変更が多い ・その他（　　　　　　　　　　）	
	対象従業員の状況	女性従業員　・　男性従業員　・　役職者　・　有期雇用労働者 専門性の高い職種　・　その他（　　　　　　　　）	

取組計画		取組状況確認日
取組期間	取組内容	

厚生労働省「育休復帰支援プラン」より

▷育休復帰支援プランの作成・実施についての注意事項 ［図表５－６］

取組内容	日付記載欄
① 育児休業に係る子の妊娠の事実の報告	
② 面談	
③ 面談内容に基づく育休復帰プランの策定	計画策定日
④ プランに基づく業務の整理・棚卸し	取組状況確認日
⑤ プランに基づく業務の引継	取組状況確認日
⑥ 育児休業の開始（又は産前休業・産後休業）	育児休業開始日
⑦ 育児休業取得者への職場に関する情報提供及び資料の提供	取組状況確認日

厚生労働省「育休復帰支援プラン」より

(3)　最新法令に準拠した「育児・介護休業規程」

助成金申請に必要な「育児・介護休業規程」については、厚生労働省が提供している「育児・介護休業等に関する規則の規程例－［詳細版］（令和４年10月作成）」のテンプレートを使用することで十分です。

もし申請する会社が独自の「育児・介護休業規程」を作成している場合、その各条項は労働局の助成金審査で詳細にチェックされます。このような独自の規程が原因で、書類審査に時間がかかり、結果として助成金の支給決定も遅くなる可能性があるため、迅速な助成金の受給を目指すのであれば、厚生労働省のテンプレートを使用することがおすすめです。

▷厚生労働省が公開している規程例

［図表５－７］

育児・介護休業等に関する規則の規定例

第１章　目的

（目的）
第１条
　本規則は、従業員の育児・介護休業（出生時育児休業含む。以下同じ。）、子の看護休暇、介護休暇、育児・介護のための所定外労働、時間外労働及び深夜業の制限並びに育児・介護短時間勤務等に関する取扱いについて定めるものである。

第２章　育児休業制度

１　育児休業

ケース①《有期雇用労働者のすべてを育児休業の対象とする例》
（育児休業の対象者）
第２条
　１　育児のために休業することを希望する従業員（日雇従業員を除く）であって、１歳に満たない子と同居し、養育する者は、この規則に定めるところにより育児休業をすることができる。

第11章　その他の事項

（中略）

（円滑な取得及び職場復帰支援）
第27条
　会社は、従業員から本人又は配偶者が妊娠・出産等したこと又は本人が対象家族を介護していることの申出があった場合は、当該従業員に対して、円滑な休業取得及び職場復帰を支援するために、以下(1)(2)の措置を実施する。また、育児休業及び出生時育児休業の申出が円滑に行われるようにするため、(3)の措置を実施する。
(1) 当該従業員に個別に育児休業に関する制度等（育児休業、出生時育児休業、パパ･ママ育休プラス、その他の両立支援制度、育児休業等の申出先、育児･介護休業給付に関すること、休業期間中の社会保険料の取扱い、育児・介護休業中及び休業後の待遇や労働条件など）の周知及び制度利用の意向確認を実施する。
(2) 当該従業員ごとに育休復帰支援プラン又は介護支援プランを作成し、同プランに基づく措置を実施する。なお、同プランに基づく措置は、業務の整理･引継ぎに係る支援、育児休業中又は介護休業中の職場に関する情報及び資料の提供など、育児休業又は介護休業等を取得する従業員との面談により把握したニーズに合わせて定め、これを実施する。
(3) 従業員に対して育児休業（出生時育児休業含む）に係る研修を実施する。

厚生労働省「就業規則への記載はもうお済みですか－育児・介護休業等に関する規則の規程例－［詳細版］（令和４年10月作成）」より

育児・介護休業規程には、「育休復帰支援プランにより、育児休業の円滑な取得・職場復帰を支援する」という会社の方針が明確に読み取れる以下の条文の記載が必要です。

▷育児・介護休業規定に必須となる条文

> 第●条　円滑な取得および職場復帰支援
> 会社は、育児休業の取得を希望する労働者に対して、円滑な育児休業の取得及び職場復帰を支援するために、当該労働者ごとに育休復帰支援プランを作成し、同プランに基づく措置を実施する。同プランに基づく措置は、業務の整理・引継ぎに係る支援、育児休業中の職場に関する情報及び資料の提供を含むものとし、育児休業を取得する労働者との面談により把握したニーズに合わせて定め、これを実施する。

⑷　「両立支援のひろば」への登録および「一般事業主行動計画策定・変更届」の作成・届出

「一般事業主行動計画」を策定し、「両立支援のひろば」に登録した後、都道府県労働局の雇用環境・均等部（室）に「一般事業主行動計画策定・変更届」を提出します（▷図表５－９）。

「両立支援のひろば」への「一般事業主行動計画」の登録は、社労士が代行することができます。

一般事業主行動計画策定・変更届を労働局の雇用環境・均等部（室）に届出する際に代行できるのは社労士だけです。社労士名を記載する欄はありませんが、欄外（▷図表５－９「一般事業主行動計画の担当部局名」記入欄の左横の空白）に社労士の事務代理者の押印をしておけば問題ありません。

以上が、対象者が産前休業に入る前までに作成・整備が必要なもの４つです。

▷「両立支援のひろば」への登録　[図表５－８]

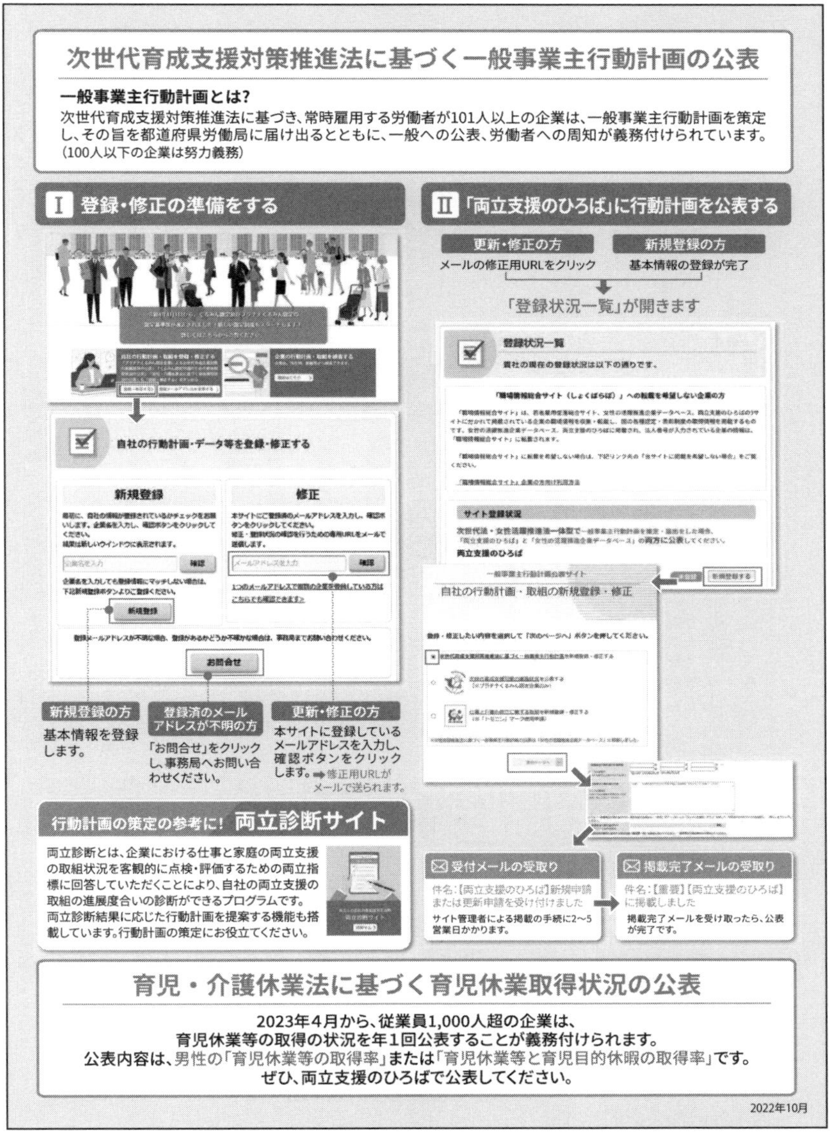

次世代育成支援対策推進法に基づく一般事業主行動計画の公表

一般事業主行動計画とは?
次世代育成支援対策推進法に基づき、常時雇用する労働者が101人以上の企業は、一般事業主行動計画を策定し、その旨を都道府県労働局に届け出るとともに、一般への公表、労働者への周知が義務付けられています。（100人以下の企業は努力義務）

Ⅰ 登録・修正の準備をする

自社の行動計画・データ等を登録・修正する

新規登録

修正

お問合せ

新規登録の方
基本情報を登録します。

登録済のメールアドレスが不明の方
「お問合せ」をクリックし、事務局へお問い合わせください。

更新・修正の方
本サイトに登録しているメールアドレスを入力し、確認ボタンをクリックします。➡修正用URLがメールで送られます。

Ⅱ「両立支援のひろば」に行動計画を公表する

更新・修正の方
メールの修正用URLをクリック

新規登録の方
基本情報の登録が完了

「登録状況一覧」が開きます

登録状況一覧
貴社の現在の登録状況は以下の通りです。

サイト登録状況

両立支援のひろば

自社の行動計画・取組の新規登録・修正

受付メールの受取り
件名:【両立支援のひろば】新規申請または更新申請を受け付けました
サイト管理者による掲載の手続に2～5営業日かかります。

掲載完了メールの受取り
件名:【重要】【両立支援のひろば】に掲載しました
掲載完了メールを受け取ったら、公表が完了です。

行動計画の策定の参考に! 両立診断サイト
両立診断とは、企業における仕事と家庭の両立支援の取組状況を客観的に点検・評価するための両立指標に回答していただくことにより、自社の両立支援の取組の進展度合いの診断ができるプログラムです。両立診断結果に応じた行動計画を提案する機能も搭載しています。行動計画の策定にお役立てください。

育児・介護休業法に基づく育児休業取得状況の公表

2023年4月から、従業員1,000人超の企業は、育児休業等の取得の状況を年1回公表することが義務付けられます。公表内容は、男性の「育児休業等の取得率」または「育児休業等と育児目的休暇の取得率」です。ぜひ、両立支援のひろばで公表してください。

2022年10月

厚生労働省　リーフレット「両立支援のひろば～次世代法に基づく一般事業主行動計画を公表しましょう！」より

▷「一般事業主行動計画策定・変更届」ひな形　[図表５－９]

様式第一号（第一条及び第二条関係）（第一面）

（A4）

一般事業主行動計画策定・変更届

届出年月日　令和　年　月　日

都道府県労働局長殿

（ふりがな）
一般事業主の氏名又は名称

（ふりがな）
（法人の場合）代表者の氏名

主たる事業

住　所　〒

電話番号

一般事業主行動計画を（策定・変更）したので、次世代育成支援対策推進法第12条第１項又は第４項の規定に基づき、下記のとおり届け出ます。

記

1．常時雇用する労働者の数　人（うち有期契約労働者　人）
　［男性労働者の数　人
　［女性労働者の数　人

2．一般事業主行動計画を（策定・変更）した日　平成・令和　年　月　日

3．変更した場合の変更内容
　①　一般事業主行動計画の計画期間
　②　目標又は次世代育成支援対策の内容（既に都道府県労働局長に届け出た一般事業主行動計画策定・変更届の事項に変更を及ぼすような場合に限る。）
　③　その他

4．一般事業主行動計画の計画期間
　平成・令和　年　月　日～平成・令和　年　月　日

5．規定整備の状況
　①　有期契約労働者も対象に含めた育児休業制度　（有・無）
　②　有期契約労働者も対象に含めたその他の両立支援制度　（有・無）

6．一般事業主行動計画を外部へ公表した日又は公表予定日　平成・令和　年　月　日

7．一般事業主行動計画の外部への公表方法
　①　インターネットの利用（両立支援のひろば・自社のホームページ・その他（　　））
　②　その他の公表方法
　（　　）

8．一般事業主行動計画の労働者への周知の方法
　①　事業所内の見やすい場所への掲示又は備付け
　②　書面の交付
　③　電子メールの送信
　④　その他の周知方法
　（　　）

9．次世代育成支援対策の内容（第二面・第三面に記載すること）

10．次世代育成支援対策推進法第13条に基づく認定（トライくるみん認定・くるみん認定）の申請をする予定　（有・無・未定）

11．次世代育成支援対策推進法第15条の２に基づく特例認定（プラチナくるみん認定）の申請をする予定　（有・無・未定）

一般事業主行動計画の担当部局名	
（ふりがな） 担当者の氏名	

厚生労働省「一般事業主行動計画の策定・届出等について」より

不用意にしてしまう不正申請の実例

育児休業等支援コースでよく見られる不正申請は以下の３つです。

実例１　産前休業後の「面談シート」や「育休復帰支援プラン」の作成・作成日の偽装

実際には、対象社員がすでに子どもを出産して育児休業に入っている状況で、産前休業前に対象社員と「面談シート」や「育休復帰支援プラン」を作成していたかのように偽装をして助成金を申請する行為は、明らかに不正申請です。

実例２　社労士による「面談シート」や「育休復帰支援プラン」の作成・作成者の偽装

産前休業に入る前であっても、対象社員が知らないところで社労士が勝手に「面談シート」や「育休復帰支援プラン」を作成した場合は、対象社員が作成に関与していないので、不正申請になります。作成後に対象社員に提示していたとしても同様です。

解　説

このような偽装は、管轄労働局から電話で「面談シート」や「育休復帰支援プラン」について質問された際に発覚することが多いです。社労士が申請代行をしていても、事業主、時には対象社員が回答を求められることがあります。例えば、経営者や対象社員が労働局の職員から「面談シート」や「育休復帰支援プラン」の作成について質問されたときに、「作成したことを知らない」などと回答すると、助成金は不支給になります。

上記のケースでは、発覚したのが助成金の支給前ということもあり、管轄の雇用環境・均等部（室）は、不正申請だとして社労士を告発することはありませんでした。そのため、表には出ていませんが、水面下で発生している不正申請の例です。

実例3　対象社員の職場復帰日の改ざん

職場復帰の助成金は、復帰から6か月が経過した後に申請可能となりますが、その際に職場復帰日の改ざんが発覚することがあります。

解　説

この改ざんが明らかになる主な理由は、対象社員が申請している育児休業給付金の職場復帰日と、助成金申請の職場復帰日が一致しないためです。通常、給与の支払いが再開されるので、職場復帰日を間違えるという事態は考えにくいですが、実際に発生しています。

例えば、助成金申請で9月1日が職場復帰日であり、一方で育児休業給付金の職場復帰日が10月1日だという場合、労働局から「どちらが正しいのか？」と問合せが入ります。この場合、9月分の給与が対象社員にすでに支払われていれば、職場復帰日は9月1日だとしか考えられません。

対象社員の不注意で、9月に職場復帰していたにもかかわらず、9月分の育児休業給付金を受給してしまったのであれば、理由を伝えて労働局に返還することで、助成金は支給されることになります。反対に、育児休業給付金が返還されない場合は、助成金の支給は行われません。

ポイント　本助成金特有の注意点

雇用環境・均等部（室）は、抽出調査を行っており、無予告で事業主や対象社員に直接、申請内容について質問することがあります。

突然労働局から電話が入ったとき、打合せから数か月経過していたり、労働局からの問合せに緊張していたりすると、実際には「育休復帰支援プラン」について事業所内で話し合いをしているのに、事業主や対象社員が思わず「知らない」と否定してしまうことがあります。すると、不正申請をしていないのに、不正申請扱いされ、助成金が不支給になることがあります。したがって、労働局から問合せが入ったときの対応について、資料を配付したり、事業主や対象社員と社労士が事前に打ち合わせしたりしておくと、助成金は円滑に支給されるでしょう。

労働局からのヒアリングでは、提出した書類（▷図表５－11）の内容と育児休業該当社員の話の照合を目的として、以下の項目が質問されます。

▷ヒアリング事項

[図表５－10]

ヒアリング事項
①　最初に会社に出産の報告をした日時・場所および報告した役員または社員名
②　育児休業の申し出をした日時・場所
③　引継ぎをした日時、および引継ぎをした社員名と内容
④　育児休業期間中に会社の担当者と育休復帰後の業務について打合せをした日時・内容
⑤　育休復帰後に会社に申し出た日時・内容（時短希望、配属部署の変更希望、在宅勤務希望など）
⑥　育児休業該当社員の入社日、身分（正社員または非正規社員）、職務内容など

▷提出書類と確認のポイント

[図表５－11]

提出書類	確認のポイント
① 育児・介護休業規程	労使協定をしていれば労使協定も確認されます。
② 就業規則届・意見書	労基署に届出している場合は確認されます。
③ 就業規則	労基署への提出が必要ない場合でも、労働局の現地調査では確認されます。
④ 賃金規定	就業規則に「別に定める賃金規定」と記載されている場合は確認されます。
⑤ 在宅勤務規程 （またはテレワーク規定）	育児休業該当社員が在宅勤務をしている場合は確認されます。
⑥ 日報	育児休業該当社員が在宅勤務をしている場合確認されます。
⑦ 出勤簿 （またはタイムカード） ⑧ 賃金台帳 ⑨ 労働条件通知書	育児休業該当社員のものが確認されます。
⑩ 育児休業中に育児休業該当社員に連絡したメール および送付した資料などの印刷物	
⑪ 一般事業主行動計画 策定届および行動計画 ⑫ 育児休業申出書（変更届）	
⑬ 面談シート ⑭ 育休復帰支援プラン	それぞれの解説をしたページを参照してください。

3 生産性の高い企業が申請する 働き方改革推進支援助成金（労働時間短縮・年休促進支援コース）

助成金の概要

働き方改革推進支援助成金（労働時間短縮・年休促進支援コース）は、生産性を向上させ、労働時間の削減や年次有給休暇の促進に向けた環境整備に取り組む中小企業を支援する助成金です。

図表５－12のいずれか１つ以上を実施していることが必要です。例えば、食品製造業で自動包装機を購入し、作業効率が上がった場合などが対象となります。

▷支給対象となる取組み　［図表５－12］

①労務管理担当者に対する研修
②労働者に対する研修、周知・啓発
③外部専門家によるコンサルティング
④就業規則・労使協定等の作成・変更
⑤人材確保に向けた取組み
⑥労務管理用ソフトウェアの導入・更新、労務管理用機器の導入・更新、デジタル式運行記録計（デジタコ）の導入・更新
⑦労働能率の増進に資する設備・機器等の導入・更新

○支給対象となる事業主

⑴～⑶のすべてに該当する中小企業です。

(1)　労働者災害補償保険の適用事業主

※雇用保険への加入は助成金の申請条件に入っていません。

(2)　交付申請時点で、成果目標１～３までの設定に向けた条件を満たしている

(3)　すべての対象事業場において、交付申請時点で、年５日の年次有給休暇の取得に向けて就業規則等を整備している

○成果目標の設定

支給対象となる取組みは、以下の成果目標１～３のうち１つ以上を選びます。達成状況により助成金の上限額が決まります。

【成果目標１】

すべての対象事業場において、令和５年度または令和６年度内で有効な36協定について、時間外・休日労働時間数を縮減し、月60時間以下、または月60時間を超え月80時間以下に上限を設定し、所轄労働基準監督署長に届け出る。

【成果目標２】

すべての対象事業場において、年次有給休暇の計画的付与の規程を新たに導入する。

【成果目標３】

すべての対象事業場において、時間単位の年次有給休暇の規程を新たに導入し、かつ、特別休暇（病気休暇、教育訓練休暇、ボランティア休暇、新型コロナウイルス感染症対応のための休暇、不妊治療のための休暇、時間単位の特別休暇）の規程をいずれか１つ以上新たに導入する。

▷成果目標による助成金の上限額　［図表５－13］

達成時の上限額	助成金限度額
成果目標１	最大 200 万円
成果目標２	25 万円
成果目標３	25 万円

上記の成果目標による上限額に加えて、対象事業場で指定する社員の時間あたりの賃金額を3％以上または5％以上引き上げることで、以下の加算額があります。

▷常時使用する社員数が 30 人以下の場合　［図表５－14］

引上げ人数	1～3 人	4～6 人	7～10 人	11～30 人
3％引上げ	30 万円	60 万円	100 万円	1 人あたり 10 万円 （上限 300 万円）
5％引上げ	48 万円	96 万円	160 万円	1 人あたり 16 万円 （上限 480 万円）

▷常時使用する社員数が 30 人を超える場合　［図表５－15］

引上げ人数	1～3 人	4～6 人	7～10 人	11～30 人
3％引上げ	15 万円	30 万円	50 万円	1 人あたり 5 万円 （上限 150 万円）
5％引上げ	24 万円	48 万円	80 万円	1 人あたり 8 万円 （上限 240 万円）

○支給内容

取組みの実施に要した経費の75％が、成果目標の達成状況に応じて支給されます。常時使用する社員数が30人以下、かつ支給対象の図表5－12の⑥または⑦の取組みを実施する場合で、所要額が30万円を超える場合は、取組みの実施に要した経費の80％が、成果目標の達成状況に応じて支給されます。

よくある不支給事例

労働局に提出した交付申請書の認定が下りる前に、機械設備などを購入する契約をしたり、代金を支払ったりすると、不支給になります。社労士は事業主に対して、労働局から認定された書類が送付されるのを待って、業者と購入の契約、納品などをするよう、事前にきちんと説明をしておくことが必要です。

なお、このような顧客に非があるミスでトラブルや助成金が不支給になったときに対抗できるよう、説明事項を記載した「確認書」に顧客から受領印をもらっておくという手があります。

不用意にしてしまう不正申請の実例

実例1　労使委員会の開催等を偽装

助成金申請のためには、労使委員会を開催した際、出席者名簿や議事録を作成し、委員会の写真を撮らなければなりません。労働局は実態のない委員会があることを危惧しており、数年前から写真を提出することになりました。そのため、あたかも委員会を開催したような写真を撮り、議事録を作成するのは不正になります。

また労働局の審査では、特に議事録が会社で作成されたものなのか、入念にチェックされます。ある社労士が、A社とB社の2社の労働時間短縮・年休促進支援コースの申請を代行した際に、2社の議事録の書式と内容が、同じものを使用していることが明らかだったことから、２社とも助成金が不支給になった事例があります。

議事録の書式は、100社あれば100通りの書式になりますし、日付などが違うだけでＡ社とＢ社の委員会の内容がまったく同じということはあり得ないので、社労士が捏造したものと判断されます。

実例２　機器等の購入の際の見積書

本助成金で一番多く不備になるのは、見積書です。助成金の審査では、高い価格の見積書を作成した業者、つまり機器等の購入先にならなかった業者にも労働局が連絡し、見積書の作成について確認することがあります。その際に、特定の企業が受注できるよう談合していたことが発覚したり、見積書を作成した事実が確認できなかったりした場合は不正申請になります。見積書の作成を安易に考えないよう事業主に指導することが必要です。

【見積書作成時の談合】

購入したい機器の見積書を２社に提出してもらい、金額が低い企業から購入することになりますが、事前にその２社が談合し、見積書を作成することは不正です。それに事業主や社労士が関与していれば、もちろん処罰の対象となります。

労働局に疑いをかけられる具体例には、東京の企業が設備機器の購入にあたって、東京にある業者と北海道にある業者の見積書を提出し、見積額が安かった東京にある業者を購入先として選定したようなケースがあります。この場合、東京の企業が選んだ見積書の依頼先が北海道の業者となると、労働局は「なぜ？」と追及してくることがあります。もちろん、本社は北海道で東京に支店があることはあり得ますが、その場合の見積書は、通常、東京支店発行となるでしょう。労働局からの追及の結果、東京の業者が北海道の業者と懇意で、高い見積額を提示した架空の見積書をお願いして作成してもらっていたと発覚すれば、不正申請となります。

【就業規則の作成費用の談合】

就業規則の作成費用も、改善事業の１つとして助成金の対象となる可能性がありますが、受注者には注意が必要です。

下記の例の場合、Ａ社労士はＢ社労士より低い見積もりを提出しても、Ｓ社の助成金申請を代行してはいけません。これは、助成金の申請代行と就業規則の作成を同一の社労士が行うことはできないためです。以前は、同一の社労士が行うことも可能でしたが、談合による相見積もりが問題視され、現在は助成金の支給対象外となっています。

厚生労働省「働き方改革推進支援助成金（労働時間短縮・年休促進支援コース）　申請マニュアル」には、「自己取引（類似の取引も含む）による不正の発生を防止する観点から、『申請事業主、申請代理人、提出代行者または事務代行者（これらの者の関連企業（一方が他方の経営を実質的に支配していると認められる場合に限る）を含む）』を事業の受注者とした場合は、不支給となりますのでご注意願います。」とあるので、見落とさないようにしましょう。

なお、好ましい手法ではありませんが、Ａ社労士がＢ社労士より低い見積額でＳ社の就業規則作成を請け負ったとき、助成金申請を事業主自身が行う場合は、助成金が支給されます。つまり、A社労士は就業規則の作成費用のみを受領して、帳票の作成までを行い、それ以降は、S社が労働局に申請書類を郵送するという方法です。労働局から助成金に関する問合せがS社に寄せられた場合は、内容をA社労士に伝え、適切な回答を得て労働局に返答すれば、違法とはなりません。

▷例：S社が就業規則の作成を依頼しようとする場合

①　支給対象となる取組みを選択
S社が選択した取組み：就業規則・労使協定等の作成・変更

②　就業規則作成の相見積もりをとる

A社労士	就業規則作成＋申請代行	10万円
B社労士	就業規則作成	12万円

③　就業規則作成と申請代行の両方を行うことはできないため、どちらかを選択
A社労士→両方セットのみ：B社労士より安くても受注できない
→就業規則作成のみ行い、助成金申請は事業主が行う：受注できる

【見積書の有効期限】

見積書には、通常有効期限が記載されていますが、その多くは作成してから1か月以内です。提出する見積書の有効期限は、助成金の交付申請書を提出する日から少なくとも1か月先の日付になっていないと、労働局に受理してもらえません。

その際、業者への再作成を事業主に依頼せず、社労士が日付を改ざんして有効期限を延長すると不正申請になります。

安易な考えで作成・改ざんされた見積書は不正なものとされ、交付申請書が認定されることはなく、最悪の場合は不正申請として、5年間、助成金申請ができなくなる可能性もあります。

当社では、事業主から機器等の業者に対し、安易な見積書をしないよう説明することを依頼しています。

4　正社員化コースとセットで申請する 人材開発支援助成金（人材育成支援コース）有期実習型訓練

助成金の概要

人材開発支援助成金（人材育成支援コース）の**有期実習型訓練**は、事業主が労働局に提出した訓練計画に基づき訓練を実施した場合、訓練期間中の賃金の一部や外部の研修会社に支払った訓練経費などについて、助成金を支給する制度となっています。社内または社外で実施するOFF-JTと社内の先輩社員が教習するOJTを組み合わせた研修を通じて、正社員レベルへの能力向上を目指しています。

○支給対象となる社員

業務経験がない職務を担当している、正社員経験の少ない有期契約社員が助成金の対象となります。

○対象となる取組み

対象となる取組みには、以下の３種類があります。外部の研修会社などに委託をしない場合は、OFF-JTの賃金助成とOJTの実施助成の２種類になります。

・OFF-JTの経費助成（外部の研修会社などに委託する場合）
・OFF-JTの賃金助成（社内で研修を行う場合）
・OJTの実施助成（社内で研修を行う場合）

○支給内容

OFF-JT は 1 時間あたり 760 円で、時間数により限度額が決まります（▷図表5 － 16・5 － 17）。OFF-JT を外部の研修会社などに委託する場合は、有期契約社員から正社員に転換した場合と転換しなかった場合で経費助成率が異なります。

OJT は 1 時間あたりではなく、一律 10 万円の助成です。

▷経費助成・賃金助成・OJT の実施による助成金額　[図表 5 － 16]

支給対象となる訓練	OFF-JT 経費助成	OFF-JT 賃金助成	OJT 実施助成
	経費助成率	1 時間あたり	1 コースあたり
有期契約社員等	60%	760 円	10 万円
有期契約社員等を正社員に転換	70%		

▷経費助成限度額　[図表 5 － 17]

OFF-JT 時間数	10 時間以上 100 時間未満	100 時間以上 200 時間未満	200 時間以上
経費助成限度額	15 万円	30 万円	50 万円

また、賃金要件または資格等手当要件に該当すると、OFF-JT 経費助成および賃金助成、OJT の実施助成の金額が加算されます。

不支給になる実例

実例 1　必要な訓練時間の条件未達

訓練時間数には上限と下限があります。訓練スケジュールを下限ギリギリで作成すると、訓練受講者本人が病気などで訓練を受講できなかった場合、その時点で必要な訓練時間の条件未達で不支給となってしまいます。

訓練スケジュールの変更は、事前に労働局に変更届を提出する必要があり、事後申請は認められていません。訓練時間の条件未達の場合、訓練時間数分の助成金カットではなく、助成金自体が申請できなくなることを念頭におき、訓練スケジュールを作成するときは、必要な時間数の下限より15％以上多めにしておきましょう。

実例２　日報のコメントが不十分

提出するOFF-JTやOJTの日報のコメントが不十分で認められないと、その時間分が訓練時間から減らされてしまいます。これも、必要な訓練時間の条件未達で不支給となる、よくあるケースです。

▷ OFF-JTの「日報」ひな形　[図表５－18]

様式第8-1号（第1面）（R5.4）　（　枚中　枚目）

人材開発支援助成金（人材育成支援コース）OFF-JT実施状況報告書

1　職業訓練実施計画届の受付番号		2　OFF-JT訓練種別	事業外訓練　□ 事業内訓練　□	3　受講者氏名	
4　訓練コースの名称		5　訓練の実施機関・訓練の実施場所	実施機関 実施場所		
6　実訓練時間数の合計（『13　実施内容等③』の合計）	時間　分	7　受講時間数の合計（『13　実施内容等④』の合計）	時間　分		
8　賃金助成対象時間数（『13　実施内容等⑤』の合計）※④受講時間数のうち、所定労働時間内に受講した時間数	時間　分	9　受講率（7欄÷6欄×100）※小数点以下切り捨て	%		
10　受講者の所定労働時間	時　分～　時　分 時　分～　時　分 時　分～　時　分	11　所定休日	曜日　□日　□月　□火　□水　□木　□金　□土		

12　実施日	13　実施内容等			
月　日 曜日	①訓練実施時間帯	時　分～　時　分	③実訓練時間数	時間　分
	②うち除外時間数	時間　分	④受講時間数	時間　分
			⑤賃金助成対象時間数	時間　分
	⑥実施内容 ※２欄で「事業内訓練」にチェックした場合に記載		⑦事業内訓練の講師	（氏名）

厚生労働省「人材開発支援助成金　申請書類」より

OFF-JTの日報には、その日行った訓練の内容や使った教材などを、具体的に書いてください。カリキュラムに記載されていない日時に訓練を実施したり、カリキュラムにない内容の訓練を行った場合、訓練時間として認められません。

▷ OJT の「日報」6 欄記載例　[図表 5 − 19]

様式第 9-2 号（第 1 面）（R5.4）　（　枚中　枚目）

人材開発支援助成金（人材育成支援コース）OJT に係る訓練日誌（受講者作成用）
（認定実習併用職業訓練・有期実習型訓練）

1　受講者氏名		2　事業所の名称		3　OJT 実施期間	年　月　日　～　年　月　日
4　受講時間数の合計	時間　分	5　受講者連絡先※		※携帯番号など受講者に日中直接連絡の取れる電話番号を記載してください。訓練日誌の内容確認のため労働局担当者から直接確認する場合があります。	

6 欄については、毎訓練終了後速やかに、必ず、受講者本人が全ての欄に記載をしてください。記載にあたっては、直筆（ボールペン等）又はパソコンにより記載をしてください。なお、受講者本人が記載していないことが判明した場合は、該当受講者分について、OFF-JT 部分も含め訓練全体が適正に行われていないものとして、助成金は不支給となります。

6　実施内容等					
①実施日・曜日	月　日（　）	②OJT 訓練指導者		③訓練場所	
④受講時間数	時間　分	⑤職務名			
⑥訓練の具体的内容（指導内容）及び訓練により身についたこと	（訓練の実施状況を確認するために必要な項目となるため、「訓練の具体的内容（指導内容）」と「訓練により身についたこと」の両方を、簡略化せず具体的に記載してください。）				
	講義で学んだシステムの入力方法について、まずは主任指導担当者がやっているのを見てから、自分でもやってみた。指導員に作業の手順を教わって、何度も練習して覚えた。この作業を通して、システムの入力方法がよくわかり、他の作業にも役立つと思った。さらに、システムにエラーが発生したときの対処方法も教えてもらい、特に、どういう手順でエラー発生時に対処するべきなのか学ぶことができた。				

厚生労働省「人材開発支援助成金　申請書類」より一部加筆

OJT の日報には、受講者自身で、訓練の具体的な内容や訓練で身に付けたこと、学んだことを書きます。他の日と同じ内容を記載した場合、具体的な訓練内容がわからない場合、単なる感想だけの場合は、訓練時間として認められない可能性があります。

不用意にしてしまう不正申請の実例

民間の研修会社から「人材開発支援助成金の申請手続で手間がかかる日報、出勤簿、賃金台帳の書類はすべてこちらで“整備”します。実質的な助成金申請の書類提出だけで良いので代行してください」という電話やメールが社労士事務所に届くことがあります。

このようなケースでは、代行報酬が助成金の10%未満であることが一般的で、不正申請の可能性も考えられます。まったく面識のない研修会社からの依頼は避けるほうが無難です。当社では、不正申請の代行をするリスクがあるだけでなく、社労士の職業倫理に反する可能性もあるため、すべてお断りしています。

実例１　日報の偽装

特に注意すべき点は、研修会社が事前に作成したOJTの日報を社員が作成したと偽装して助成金を申請する行為です。これは明らかに不正申請に該当します。さらに、ChatGPTなどの生成AIで作成された文書の使用が不正となることは、言うまでもありません。

実例２　出勤簿・賃金台帳等の改ざん

民間の研修会社は、出勤簿や賃金台帳の“整備”と言いながら、時間外労働や未払残業代が発生しないよう偽装したり、実際は終業後に研修を実施しているのに日報を改ざんして就業時間中に研修をしたように見せたりしているケースがあります。また、研修日に欠勤していた社員を出社していたと記録することもあります。

そのような実態が助成金申請前に明らかになったとき、社労士が前金を受け取っていると申請代行を断りづらく、不正申請に加担する事態となる可能性があります。

また、研修会社から紹介された企業の助成金申請代行をする行為自体が、社労士法23条の２に反する可能性があります。

▷社労士法

（非社会保険労務士との提携の禁止）
第23の２　社会保険労務士は、第26条または第27条の規定に違反する者から事件のあつせんを受け、またはこれらの者に自己の名義を利用させてはならない。

※26条、27条の規定は下記を参照。　※波線は著者による。

（名称の使用制限）
第26条　社会保険労務士でない者は、社会保険労務士またはこれに類似する名称を用いてはならない。

> 2　社会保険労務士法人でない者は、社会保険労務士法人またはこれに類似する名称を用いてはならない。
> 3　社会保険労務士会または連合会でない団体は、社会保険労務士会若しくは全国社会保険労務士会連合会またはこれらに類似する名称を用いてはならない。

> （業務の制限）
> 第27条　社会保険労務士または社会保険労務士法人でない者は、他人の求めに応じ報酬を得て、第2条第1項第1号から第2号までに掲げる事務を業として行つてはならない。ただし、他の法律に別段の定めがある場合及び政令で定める業務に付随して行う場合は、この限りでない。

※2条1項1号から2号の規定は下記参照。　※波線は著者による。

> （社会保険労務士の業務）
> 第2条　社会保険労務士は、次の各号に掲げる事務を行うことを業とする。
> 1　別表第1に掲げる労働及び社会保険に関する法令（以下「労働社会保険諸法令」という。）に基づいて申請書等（行政機関等に提出する申請書、届出書、報告書、審査請求書、再審査請求書その他の書類（その作成に代えて電磁的記録（電子的方式、磁気的方式その他人の知覚によつては認識できない方式で作られる記録であつて、電子計算機による情報処理の用に供されるものをいう。以下同じ。）を作成する場合における当該電磁的記録を含む。）をいう。以下同じ。）を作成すること。
> 2　労働社会保険諸法令に基づく帳簿書類（その作成に代えて電磁的記録を作成する場合における当該電磁的記録を含み、申請書等を除く。）を作成すること。

年度開始時だけでなく、年度の中途でも、助成金申請で提出書類が増えることがあります。これは、何らかの不正申請が発覚し、その不正が行えないようにするための変更であることが多いです。

例えば、会社の会議室でOFF-JTを行う場合、有期実習型訓練の計画書と併せて、会議室の位置がわかる事務所の平面図を提出するように数年前からなりました。これは、実際には会議室がなく、OFF-JTを行うことができないのに、実施したことにして助成金を申請する会社が出てきたからです。

禁止された申請で顧客を獲得し、さらに不正に手を染めていく社労士も存在するのが現状です。これに対抗すべく、申請書類の内容も日々変更されるため、最新情報の収集は欠かさず行いましょう。

5 知る人ぞ知るお得な 特定求職者雇用開発助成金（特定就職困難者コース）

助成金の概要

ハローワークや民間の職業紹介所などからの紹介により、60歳以上の社員といった本助成金の申請対象となる社員を雇用した場合、**特定求職者雇用開発助成金（特定就職困難者コース）**を申請することができます。

なお、申請対象となる社員を雇用した場合、事業主の意向にかかわらず、労働局から自動的に助成金の支給申請書類が事業主宛てに郵送される点が、他の助成金とは異なります。

○対象となる社員

本助成金の対象になる社員は、60歳以上の高齢者だけではなく、母子家庭の母、父子家庭の父、障害者なども含まれます。不正申請が多いのは60歳以上の高齢者です。

○支給内容

週の所定労働時間が30時間以上と20時間以上30時間未満で助成金額が異なります。60歳以上の高齢者の場合、助成金は、入社から６か月後と１年後の２回に分けて支給されます。

▷ 60 歳以上の高齢者の助成金額　　[図表 5 － 20]

所定労働時間	助成金額		
	入社から６か月後	入社から１年後	合計
週 30 時間以上	30 万円	30 万円	60 万円
20 時間以上 30 時間未満	20 万円	20 万円	40 万円

よくある不支給事例

対象社員の雇用日から５か月前後に、「特定求職者雇用開発助成金のお知らせ」が労働局から事業主に郵送されます。

その際に、対象社員の年齢、採用年月日、賃金締切日、支給対象期間と申請期間が正しいか確認します。採用日から一番近い賃金締切日の翌日から支給対象期間が開始されるため、採用年月日、賃金締切日が間違っていると助成金の申請期間も変わってきます。

したがって、助成金のお知らせが労働局から事業主に送付されたら、すぐに連絡をもらえるように事業主に依頼し、お知らせの内容に間違いがないか確認します。もし、間違いがあるときは、速やかに労働局に連絡し、訂正する必要があります。

実例１　採用年月日の間違い

一番多い間違いは、採用年月日です。

助成金を申請する場合、無期雇用契約が前提ですが、有期契約をする場合は、２年を超える有期契約にしないと不支給になる可能性があります。

60 歳以上の高齢者を雇用する場合、会社の定年を過ぎた年齢での雇用なので、65 歳まで、もしくは 70 歳までという第二定年の設定をしても構いません。

実例２　就業規則を作成していない／添付しない

通常、本助成金の申請では、就業規則は添付しませんが、申請内容の確認のため、就業規則の提出を求められることがあります。社員が10名未満の企業でも、事前に就業規則を作成し、提出できるようにしたほうが助成金申請はスムーズに進みます。

10名未満だから就業規則はないと回答すると、最悪の場合、不支給になる可能性もあるので、就業規則の提出を求められることを想定して事前に就業規則を作成しておくことをおすすめします。

不用意にしてしまう不正申請の実例

面識がある人をハローワークの求人に応募させて、特定就職困難者コースを申請するのは、不正申請です。

実例１　知人を採用して申請

開業して３年目のときに、顧問契約者から打合せをしたいと連絡があり、訪問すると社長と高齢の方がいました。社長から「ここにいるＧさんは、今、60歳で失業中です。これからハローワークに行って、うちの求人に応募してもらいます。以前、申請してもらった特定就職困難者コースの申請書類が労働局から郵送されたら、手続きのほうをお願いします」と言われました。

その会社は運送会社で、以前にも60代の方をハローワーク経由で採用しており、送付された助成金の支給申請書をもって、助成金の申請をしていました。当時は１年で90万円の助成金額だったので、社長がまた申請したくなる気持ちは理解できます。しかし、知っている人を採用して申請すると不正申請になることはまでは知らなかったため、発生した不正申請未遂のケースです。

そのときは、「知っている人をハローワークに行かせても助成金の対象になりません。ハローワークの窓口でも、いろいろ確認しますから、申請は無理です」と説明して終わりました。

実例2　架空の雇用保険加入者

注意しなければならないのは、実際には雇用の実態がないのに、雇用保険に加入させて助成金を申請している企業です。うっかり関与すると不正申請をさせられてしまいます。そのため、知らない企業から特定就職困難者コースの申請代行を依頼したいと言われたときは要注意です。

6　助成金申請を失敗しない社労士になる３つのポイント

助成金申請が不支給になること、つまり申請に失敗するのは、誰でも嫌でしょう。そこでこの項では、直近２年間、不支給になったことがない当社で行っている３つのポイントを紹介します。

ポイント①　不備がない助成金申請書類を提出すること

当然のことですが、助成金申請の書類を提出する際には、審査側が読みやすく、理解しやすい形式で書類を調えるべきです。不備が指摘されると、助成金の支給決定が遅れる可能性があるからです。したがって、なるべく労働局からの問合せを防ぐため、提出する申請書類の質を高める努力が必要です。一度指摘された項目は繰り返さないよう、記録をしながら書類の完成度を上げていきます。

また、著者はこれまでの経験から、各地の労働局に社労士に冷たくあたる担当者が存在すると感じています。冷たい対応とは、例えば、提出した書類について必ず修正を求めてくるなどです。前回指摘されたところを指示通りに作成して提出しても、新たな修正点を指摘され、反論すると興奮して声を荒げる担当者もいます。

このような担当者と議論しても良いことはまったくありません。議論が長引けば、審査期間も延長されてしまいます。したがって、納得できなくても、指摘された事項を冷静かつ速やかに解決することが最も効率的です。

▷コラム：要注意な労働局

助成金を申請したことがある社労士に、「助成金申請で苦労した経験がある部署はどこですか？」と質問すると、最も多く挙げられるのは雇用環境・均等部（室）です。この部署は、47 都道府県それぞれに１箇所あります。

たびたび、本書でも登場してくる労働局の部署ですが、特に雇用環境・均等部（室）の育児関連の助成金を扱う担当者のなかには、かなり厳しい対応をする人もいます。初めての場合は驚くかもしれませんが、慣れるしかありません。

例えば、窓口で助成金の書類の記載方法について相談をしても、「これは事前審査に該当するため回答できません。支給申請書を提出したときに添付された書類と一緒に確認します」と言われることが多いです。また、「不支給になる」とだけ言われ、具体的な理由の説明も反論の余地もないケースがあります。不備があれば不支給になる可能性があるため、多くの社労士は不安を抱えながら助成金の申請を行っています。

とはいえ、納得できない場合でも、言われた通りに行動すれば助成金は支給される場合が多いので、速やかに、そして素直に指示に従うことが重要です。

対して、ハローワークなど他の労働局の窓口で、このような回答をされることはありません。相談に行けば、「これで大丈夫」とか「ここを修正しないと不支給になります」とかアドバイスをしてくれますし、即答できないときは、後日回答してくれます。

雇用環境・均等部（室）の対応は、労働局のなかでも異色といえます。

ポイント②　法令遵守ができない会社の「助成金申請代行」は最初から受けないこと

当社では、助成金申請で必要な改善点などについて、当社の指示に従わない企業には申請代行のサービスを提供しません。指示に従わない企業は、助成金の不支給リスクが高まるからです。そのため、法令遵守が前提となる助成金申請において、当社からの最低限の要求事項に応じられない企業とは助成金申請代行の契約はしないのです。言い換えると、「残業代を支払っていない企業はどうやって申請するのですか？」という質問への回答は、「残業代を支払っていない企業は労働基準法違反であり、助成金申請しても不支給になる可能性が高いので、最初から申請代行は受け付けません」となります。

資金力のない会社は、代行報酬を支払わないか、報酬の減額を要求する可能性が高いため、最初から受け付けないほうが無難です。

○顧客引受けアンダーライティング基準

申請代行を依頼されたら何でも受けるのではなく、相手の状況と対応から、代行を受けるか見極めるための基準を決めておくと良いでしょう。

著者の前職である損保会社では、保険引受けの可否判断等を行う業務を「アンダーライティング」と呼んでいました。当社でも、社労士事務所の顧客としての引受け可否の基準を決めており、問題があると判断した企業は丁重にお断りをします。

当社の引受け可否の基準について、一部を紹介します。以下に該当する場合、当社の顧客としないか、契約をしても中途解約します。

▷社労士法人アンブレラの顧客引受けアンダーライティング基準（抜粋）

・高圧的な態度、言動の経営者または担当者
・約束した面談などをすっぽかす、当日キャンセルすることが２回以上発生
・期日までに依頼した書類などを提出しない

以上のように、対応する当社の社員に負担をかけるような企業については顧問契約だけではなく、スポット契約もしません。これは、カスタマーハラスメント対策の一環でもあります。すでに助成金申請代行契約をしたとしても、契約に記載されている解除条項に抵触した場合は、速やかに契約を解除します。

また、外部の研修会社からの提携依頼や営業会社からの顧客紹介の問合せについては、すべて謝絶しています。資料送付やZOOMなどで提案内容だけでも聞いて欲しいという依頼も入ってきますが、中途半端な対応はせず、毎回丁重にお断りしています。

ポイント③　労働局で助成金申請の情報収集に努めること

P.20でも述べた通り、令和２年２月時点で、これから**雇用調整助成金**の支給申請が増えると考えた当社は、都内の７つのハローワークに訪問や電話で質問をし、一通りの疑問点を解消させました。そのため、雇用調整助成金の申請が急増した令和２年４月以降、ハローワークに電話してもつながらないトラブルが発生した頃には、自社のＱ＆Ａが完成しており、ハローワークに電話する必要もありませんでしたし、新型コロナウイルス感染症の感染リスクを冒してまでハローワークに行く必要もありませんでした。

助成金の書類は、電子申請や郵送などにより、書類を労働局の窓口に持参する必要がなくなってきていますが、助成金の情報収集をするために窓口に行くことは必要です。

その際、単に相談で行くよりも、実際の書類（計画書や支給申請書など）を持参した上で質問に行くほうが、内容が濃い会話になります。書類を持参しながら、「こういう場合は、どうなのか？」など質問をしていくと、窓口の担当者もいろいろとアドバイスをしてくれます。電話で質問をしても出てこないような話題を窓口だと聞くことができます。また、厚生労働省の手引きに記載されていないようなことで、注意すべき点を話してもらえるときもあります。労働局の窓口での情報収集は極めて重要です。

最も避けるべき申請は、助成金の書類を労働局に提出しに行ったのに質問せずに帰ることです。しかし、このような対応をする社労士が多いようです。質問をしないのであれば、郵送するほうがコストと時間を節約できます。

第6章

元損保会社社員だから話せる「社会保険労務士賠償責任保険」の活用法

著者は、大学卒業後の24年間、安田火災海上保険株式会社（現：損害保険ジャパン株式会社）の正社員として営業をしていました。退職して10年以上経過していますが、今も（損害保険ジャパン株式会社とは別会社ではありますが）東京海上日動火災保険株式会社の代理店をしているため、損害保険については開業社労士３万人の中でも断トツに詳しいと自負しています。

「社会保険労務士賠償責任保険」は、現在、東京海上日動火災保険株式会社（以下、「東京海上日動」といいます）と損害保険ジャパン株式会社（以下、「損保ジャパン」といいます）の２社が扱っています。本書では、助成金の損害賠償で申請できる社会保険労務士賠償責任保険の主契約について解説します。

損保ジャパンの社会保険労務士賠償責任保険の加入者数は公開されていませんが、東京海上日動が先行して販売していること、また中小企業福祉事業団への会員登録が必要な損保ジャパンと比較して、加入対象になる社労士の数が圧倒的に多いことから、東京海上日動の保険に加入している社労士のほうが多いことは確実です。

なお、主契約の補償内容は同じですが、損保ジャパンの保険料のほうが20％安いです。損保ジャパンは、後発で社会保険労務士賠償責任保険に参入しているため、保険料を東京海上日動より安くすることで加入者を獲得しています。損保会社は営利会社なので、採算が合うから引き受けており、儲からない保険は扱いません。また、メガ損保３社の１つであり、保険金の支払い体制にまったく問題はありません。

どちらを選択するかは、保険料だけで判断するものではないので、社労士の好みとなります。しかし、未加入は自動車保険に加入しないで自動車を運転するのと同じことになります。社会保険労務士賠償責任保険に未加入のまま社労士業務をすることはリスクが高いので、加入するほうが好ましいです。

▷社会保険労務士賠償責任保険の比較

［図表６－１］

社会保険労務士賠償責任保険（主契約）比較		
引受損保会社	東京海上日動	損保ジャパン
保険契約者 （団体）	全国社会保険労務士会連合会	中小企業福祉事業団
保険期間	12月1日から1年更新	同左
主契約の 補償内容	① 申請書などの書類の作成、提出の代行および事務の代理等の事務（社会保険労務士法第2条第1項第1号から第1号の3） ② 帳簿書類の作成等の事務（社会保険労務士法第2条第1項第2号） ③ 相談・指導等の事務（社会保険労務士法第2条第1項第3号） ④ 個別労働紛争のあっせん代理業務（社会保険労務士法第2条第1項第1号の4） ⑤ 紛争解決手続代理業務（社会保険労務士法第2条第1項第1号の4から第1号の6）上記④で規定するものを除きます。） ⑥ 補佐人の業務（社会保険労務士法第2条の2第1項）	同左
加入対象	① 開業社会保険労務士 ② 社会保険労務士法人 ③ 社会保険労務士法人の社員である社会保険労務士	中小企業福祉事業団の会員の同左①②③ ※会員登録無料
支払いされる 主な保険金	① 法律上被害者に支払うべき損害賠償金 ② 弁護士費用などの争訟費用	同左
保険金の 支払方法	【助成金関連業務の損害】 （損害賠償額－10万円）×70％ 【助成金関連以外の業務の損害】 （損害賠償額－10万円）×90％	同左
保険料	【支払限度額】Aタイプ 1請求あたり/1,000万円 保険期間中/3,000万円 【年間保険料】 開業社労士・法人の社員/13,200円 その他職員/2,040円	【支払限度額】Aタイプ 1請求あたり/1,000万円 保険期間中/3,000万円 【年間保険料】 開業社労士・法人の社員/10,560円 その他職員/1,630円 ※東京海上より20％安い
加入者数	18,824名（2023年7月1日現在）	不明

※特約の補償内容は、助成金とは関連しないため、本書では割愛しています。

1　当社が不支給時に「社会保険労務士賠償責任保険」を請求することがない理由

当社は、平成22年から助成金の申請代行業務をしていますが、助成金を代行している企業から損害賠償をされたことは、一度もありません。当社のミスで助成金の申請が不支給になった場合、損害賠償をしない理由を聞くことははばかられるので、明確な理由はわかりませんが、推定すると以下の３点が挙げられます。

①　完全成功報酬制を採用

当社では、助成金の受給後に報酬を請求する「完全成功報酬制」をとっています。人の心理として、前金を支払ったのに不支給になったら、理由によっては納得できず、損害賠償請求をしたくもなるでしょう。反対に、申請にあたって顧客が当社に対し、お金をまったく支払っていなければ、損をした意識が薄いため、損害賠償されないのではないかと推定しています。

②　高い助成金受給率

当社の令和４年度の助成金受給率は100％です。もともと、助成金が不支給になることが１年に１件あるかないかという水準なので、損害賠償を求めてくる企業がないのです。

ただ、前年度と同様に申請しても、労働局が助成金の審査基準を変更し、どうしても不支給になることはあります。不支給になったときは、事業主に理由を説明します。当然ですが、虚偽の説明はしません。正直に不支給の理由を説明すると、それで事業主が了解し、「次回の助成金申請は、不支給にならないように全力で頑張ります」ということで終わります。

また、当社は助成金申請が失敗しても、助成金の代行契約を切られたことがありません。誠実に対応して信頼関係が築けていること、前金を支払っていないので実質的な金銭損害がないことが理由です。

③ 助成金関連の保険金は、損害賠償額より縮小支払

当社は仮に助成金申請で損害賠償になったとしても、社会保険労務士賠償責任保険を使うことはありません。理由は、助成金以外の損害賠償における縮小支払割合の90％とは異なり、助成金関連業務の損害は（損害賠償額－10万円）×70％で求められるからです。この損害賠償額は「助成金額－社労士の代行報酬額」になります。したがって、代行報酬額が多いと、損害賠償額は少なくなります。

▷例：キャリアアップ助成金（正社員化コース）を申請した場合 [図表６－２]

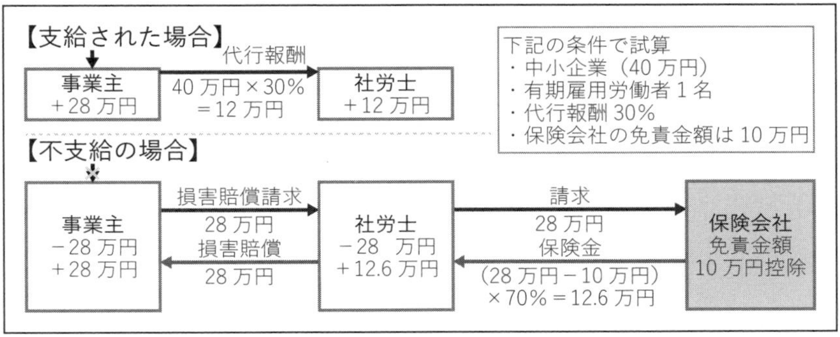

このように助成金関連の損害賠償では、支払われる保険金額が大幅に減額されてしまいます。そのため、保険金請求の事務負担を考慮すると、当社では、助成金関連の損害賠償で社会保険労務士賠償責任保険を請求する可能性は極めて低いです。

2　不正申請による損害賠償は保険の支払い対象外

高額の助成金がほとんどないため、申請代行において社労士のミスにより助成金が不支給になっても、通常は巨額の賠償額になることはありません。確かに雇用調整助成金は、１社で億単位の助成金額になることもありますが、多少、書類に不備があっても訂正すれば助成金は支給されていたので、社労士のミスで不支給になることはありませんでした。

損害保険の知識がなくても、常識で考えれば、不正申請で助成金が不支給になったとして、社会保険労務士賠償責任保険を請求できないことは理解できると思います。根拠を挙げるとすれば、「社会保険労務士事務所の社員、使用人、その他被保険者の業務を補助する者の犯罪行為、または他人に損害を与えるべきことを予見しながら行った申請（不作為を含む）」が約款に記載されていることです。助成金の不正申請は犯罪行為であるため、社会保険労務士賠償責任保険の支払い対象にはなりません。

通常であれば納得できるはずですが、雇用調整助成金のように巨額の損害賠償が発生すると、人は冷静な判断ができなくなり、不正申請が原因でも社会保険労務士賠償責任保険を請求できないことが理解できなくなるかもしれません。平常時に、助成金の不正申請は社会保険労務士賠償責任保険の支払い対象にならないことを認識しておくべきです。

3 訴訟されたときに活用するのが損害賠償責任保険

当社が社会保険労務士賠償責任保険を請求する可能性があるのは、損害賠償金の支払いではなく、弁護士報酬などの費用に充てるためです。

もし、相手側が訴訟をしてきた場合は、損害保険会社に相談し、弁護士を立てる必要があります。訴訟は手続きが面倒ですし、準備にも時間がかかるため、弁護士が入らないと通常業務に大きな支障が出ます。通常、弁護士と法律相談をするだけでも高額な報酬を請求されますが、訴訟になると解決まで長期化するため、弁護士報酬も比例して高額になります。そのため、社会保険労務士賠償責任保険で、弁護士報酬の補填を考えることが妥当です。

また、弁護士報酬については、助成金関連業務の損害賠償金のように免責金額10万円や縮小支払割合70%がかけられることもありません。損害賠償金が大きくならない限り、原則、弁護士報酬の実費が保険の支払限度額まで支払われます。ただし、訴訟が長期化して弁護士報酬が増えても、損害賠償金が増えることは通常ありません。

第7章

不正申請トラブルに
巻き込まれる社労士と
巻き込まれない社労士

1　正しい助成金申請と不正申請は紙一重

助成金申請でよくある、ヒヤッとする３つの事例について解説します。

実例１　就業規則の労基署への届出を失念

Ｙ社労士が、Ａ社の**キャリアアップ助成金（正社員化コース）**の支給申請書をハローワークに提出に行きました。

ハローワークの窓口担当者から「令和４年10月に正社員転換した方についての申請ですね。今日、提出された就業規則は令和４年７月改定分ですが、この就業規則を見ると、令和４年４月にも改定されているようです。正社員と非正規社員の区分がされているか、確認したいので、令和４年４月に改定した就業規則を提出してください。Ａ社は、社員が15名いるので、労基署に届出をした就業規則の写しを提出してください」と言われました。

Ｙ社労士は嫌な予感がしながら、事務所に戻って確認したところ、令和４年４月に就業規則の改定だけして、労基署への届出を失念していることが判明しました。Ａ社は社員が10名以上なので、就業規則を労基署に届出をしていなかったことだけで助成金の不支給が確定しました。

解　説

このケースの場合、もしA社の社員数が10名未満で、労基署への届出が不要なら、令和4年4月に改定した就業規則の届出をすることで助成金は支給されました。

あるいは、助成金の支給申請をする前に、Y社労士が就業規則の届出をしていないことに気が付いていれば、令和4年4月改定の就業規則を労基署に届け出て、ハローワークに就業規則のコピーを添付して支給申請をすることで、助成金は支給されていました。

予期せぬ事態になると、妙な考えが頭を過ってしまうことがあります。例えば、労基署への就業規則の届出があれば助成金は支給されるので、社労士が労基署の受付印がある就業規則を捏造することが考えられます。当然、捏造すれば不正申請となります。

ポイント

助成金申請代行をしている社労士からもよく質問されますが、実は支給申請する日（当日含む）までに、遡及して就業規則を労基署に届出すれば助成金は支給されます（▷ P.71）。労基署の受付印を捏造するような不正をする必要はないのですが、この運用を知らずに不正申請をしてしまう社労士が多いのです。

実例２ 「正社員化コース」の短時間正社員の申請で就業規則に記載漏れ

Ｂ社の**キャリアアップ助成金（正社員化コース）**について、Ｙ社労士が有期契約社員から短時間正社員へ転換する旨の支給申請書をハローワークに提出し、受理されましたが、２か月後に管轄の労働局から社労士事務所に電話が入りました。

労働局の担当者からは「就業規則に『短時間正社員への転換条文』の記載はありますが、定義には『短時間正社員』の記載がありませんでした。ご存知の通り、転換条文があっても定義に『短時間正社員』の記載がなければ不支給になります」と言われました。Ｙ社労士が就業規則を確認したところ、確かに定義には『正社員』と『有期契約社員』の記載はありましたが、『短時間正社員』の記載はありませんでした。

解　説

不備を指摘されてから就業規則の定義に『短時間正社員』を追加しても、労働局は受理しません。万が一、「就業規則とは別に短時間労働者用就業規則を作成していたが、提出漏れをしていました」と労働局にＹ社労士が申入れをすれば、助成金が支給される可能性はあります。ただし、労働局に指摘されてから、短時間労働者用就業規則を作成して、前からＢ社に短時間労働者用就業規則があったかのようにすることは不正申請となります。なお、社員10名未満で労基署に就業規則の届出義務がない企業であっても、提出した就業規則の定義に記載漏れがあれば、不支給決定になります。

このように、「正社員化コース」の申請では、転換条文だけでなく、社員の定義も重要なチェックポイントになります。

実例3 時間外労働手当の支給額不足

Ｙ社労士は、助成金担当の事務所職員から「Ｃ社から提出された出勤簿と賃金台帳を確認したのですが、時間外労働手当の支給額が、まったく足りていないです。支給申請をしますか？」と相談されました。

確かに、時間外労働手当の支払額が足りないので、Ｙ社労士がＣ社に確認したところ、「以前から全社員共通の１時間あたりの残業単価を決めている。それに残業した時間をかけている」という回答でした。つまり、間違った計算方法で時間外労働手当を支払っていたのです。

解　説

未払残業代があると、助成金申請に慣れていない社労士は、助成金の支給申請を断念してしまうことがあります。あるいは、出勤簿を捏造し、未払残業代が発生していないようにして、不正申請をする社労士もいるでしょう。

しかしながら、このような不正をする必要はまったくありません。この場合、未払残業代を直近の賃金支払日に時間外労働不足分として支給し、その賃金台帳を提出すれば、助成金は支給されます。

事例において、Ｃ社の時間外労働手当に不足分があることに気が付かずに助成金申請をしてしまった場合は、労働局からＹ社労士に時間外労働手当に不足があると連絡が入ります。連絡が入ったら、Ｙ社労士がＣ社に連絡して該当社員に時間外労働不足分を支給させ、その賃金台帳を労働局に提出すれば、助成金は支給されます。したがって、時間外労働手当に不足があるという理由で、いきなり助成金が不支給になることはありません。

なお、時間外労働手当の不足分を支払いたくないという企業は、助成金申請をする資格がない企業ですから、助成金申請代行契約は破棄することをおすすめします。

2　不正申請トラブルに巻き込まれる「負け組社労士」と巻き込まれない「勝ち組社労士」の対比

ここでは、不正申請トラブルに巻き込まれる「負け組社労士」と巻き込まれない「勝ち組社労士」の違いを生むキーワードについて、10項目を取り上げています。少なくとも6項目ができるようになれば、不正申請トラブルに巻き込まれることがなくなり、「負け組社労士」から脱却して「勝ち組社労士」になれるでしょう。

キーワード1　スピード

「負け組社労士」は、助成金申請代行を依頼されてからの対応が遅いです。顧客に催促されてから動き出すため、必要書類の連絡は支給申請期限ギリギリです。また、質問への回答も遅いため、信頼を得られません。結果、準備できずに申請期限を超過し、助成金申請書を労働局に受理されずに終わることがあります。

なんとか助成金の支給申請ができても、労働局からの問合せへの回答も遅いので、助成金の支給が遅くなることもあります。こうして、信頼関係が築けないまま契約を切られてしまうのです。

一方、「勝ち組社労士」は対応が早く、質問には即答し、次第に顧客から信頼されるようになります。助成金のスポット契約から顧問契約を締結したり、他の企業を紹介してもらったりして、売上を順調に伸ばしていきます。

どの業界でも、やり手の経営者がのんびり考えて事案の決済をすることはありません。即決で次々に事案の処理をするスピード決済です。このテンポで仕事ができることが「勝ち組社労士」への鍵の1つとなります。

大前提として、助成金申請代行業務は、決められた支給申請期限内に書類をそろえて労働局に提出する必要があります。労働局によっては、不完全な申請書類だと受理されないので、申請期限よりも余裕をもって書類をそろえる必要があります。

また、労働局によっては、質問の回答を期限までにしないと不支給にすることがあります。そのため、動きの遅い「負け組社労士」は、書類を捏造したり、事業主が知らない回答書を作成したりして不正申請をすることになります。社労士が時間に余裕をもった上で、事業主に対して「労働局から追加の書類を依頼されたので、提出してください」と言えば、事業主は助成金が欲しいので対応します。

当社でも「勝ち組社労士」に助成金申請代行を切り替えた企業の事業主が「前に依頼していた社労士は対応が遅くて、助成金申請ができなかった」と不満をこぼしているのをよく耳にします。

キーワード2　思考回路

「負け組社労士」は、顧客の獲得について先輩社労士からアドバイスをされても、できない理由を並べ立てて、やってみようと考えません。どうしてもできない理由があるからといって自分を正当化し、自分には非はないとする否定的な思考回路です。年度更新がある、給与計算がある、時間がないなどと言いますが、それらの業務はあらかじめ決まっているもので、できない理由にはなりません。

「負け組社労士」には、誰もアドバイスをしたくなくなるため、損をするのは自分自身になります。思考を少し修正して、「どうしたらできるか」という方向に変えることで「勝ち組社労士」への道を歩める可能性が出てきます。

一方、「勝ち組社労士」は、アドバイスをされたとき、どうすればできるかを考えます。その場で前向きな質問をして、アドバイスされたことを実行に移し、うまくいかないときは、再度質問や相談をします。アドバイスする側からすれば、アドバイスしたことを実行してくれると嬉しいですから、たとえ忙しくても、質問や相談に対応します。こうして「勝ち組社労士」は、さらに売上を伸ばし、良い方向に進んでいきます。

キーワード３　行動力

初めて助成金申請代行業務に取り組むと、当然、助成金の内容についてわからないことがたくさん出てきます。

「負け組社労士」は、完璧に助成金の内容を理解できるまで顧客に提案しようとしません。顧客に助成金を提案したとき、質問に回答できないことや、間違った回答をすることを避けたいというのが理由です。

しかし、翌年にその助成金が廃止になったり、存続しても何かしら変更事項が発生したりすることが多いので、完璧に理解してから提案することは不可能です。質問されてわからないことがあれば、調べて回答すれば良いし、間違った回答をしても気が付いたときに訂正すれば良いだけです。また、仮に間違った回答をして助成金申請が不支給になったとしても、次に同じミスをしないようにすれば良いだけです。人は恥と失敗を積み重ねて成長しますから、それを恐れていたら、いつまで経っても成長できません。慎重になり過ぎて、石橋を叩いて渡らないようであれば、「負け組社労士」から脱却する活路がいつまでも見えないままです。

対して「勝ち組社労士」は、初めての助成金申請代行業務でも、概要を理解して全体の30％ぐらい把握すれば、顧客に提案します。

そして、2社ぐらいに提案すると、自分が何を理解していて、何を理解していないか把握できるので、理解していないところを労働局で確認して覚えていきます。提案しながら、つまり行動しながら、どうすれば良いか考えるうちに、助成金をマスターできます。そうなれば、3社目の提案からは、質問されても、ほぼ完璧に即答できるようになり、助成金申請代行を受注できるようになります。

石橋を叩いて渡らない「負け組社労士」と、走りながら考える「勝ち組社労士」との差は広がる一方だということは明らかです。

キーワード4　責任感

助成金の申請を失敗したとき、労働局の職員の説明が悪かったからとか、厚生労働省が作成した手引きの記載方法が悪かったからとか、他人を責めて、自分はまったく悪くないという態度の社労士は、同じ間違いを繰り返します。

ときどき、労働局の窓口で口論をしている社労士を見かけますが、社労士バッチを着けて見苦しいことはしないでほしいです。

よくある間違いの1つは、助成金によって異なる支給申請期間の開始日の解釈です。期間より早く申請していたら、もう一度期間内に提出すれば良いのですが、過ぎてしまうとどうにもなりません。

例えば、**キャリアアップ助成金（賞与・退職金制度導入コース）**は、賞与を賃金支払日に支給したか、それ以外の日に支給したかにより、支給申請期間が異なります。賞与を支給した日付を実際の支給日と異なる日に改ざんした書類を捏造して、支給申請期間内に間に合わせるような行為は不正申請です。

また、**両立支援等助成金（出生時両立支援コース）**も支給申請期間を間違いやすい助成金です。出生時両立支援コースは、育休を取得したとき、「取得５日目の翌日から２か月以内」に支給申請をしなければなりません。これを「取得最終日の翌日から２か月以内」と間違えるケースが多いです。男性が１か月の育休を取得した場合でも、取得５日目の翌日から２か月以内に申請する必要があります。

当然ですが、どの助成金も支給申請期間を１日でも過ぎたら、絶対に受理されることはなく、職員や手引きのせいにしても、不正申請が正当化されることはありません。したがって、支給申請期間を過ぎた助成金申請は断念するしかありません。

もちろん、労働局の職員は親切な説明をすべきですし、厚生労働省は理解しやすい手引きを作成すべきですが、「勝ち組社労士」は、助成金申請に失敗したら、自分を責めて反省します。

そして反省したら、すぐ行動に移していきます。例えば、１人の労働局職員に確認するのではなく、電話をする曜日、時間帯を変えて、少なくとも３人の労働局職員に同じ質問をして確認します。同じ回答が得られたら良いですが、異なる場合はさらに確認を継続し、正しいと思われる回答を見つけていきます。

手引きについても同様に、自分の解釈で間違っていないか電話で問い合わせ、ときには労働局まで行って、内容を納得できるまで確認します。「勝ち組社労士」は、失敗を他人のせいにして、自分を正当化するようなことはしません。

このような努力が「勝ち組社労士」と「負け組社労士」の差を、どんどん大きくしていきます。

キーワード５　引受けスタイル

引受け方には、「受け身の御用聞きスタイル」と「顧客に積極的に提案するスタイル」があります。

受け身の御用聞きスタイルとは、顧客から言われた助成金を申請代行する引受け方のことです。御用聞きスタイルでは、今、顧客に提案すべき助成金を説明できないまま、申請するタイミングを逃してしまうことがあります。つまり、顧客が申請できる助成金を的確にタイムリーに提案できず、顧客と信頼関係を構築する絶好のチャンスを潰すことになるのです。

御用聞きスタイルは、他の業種においてはアナログ型の営業として、それなりに効果がある場合もあります。ただし、それは、顧客の地位が自分より上という業種の場合です。

助成金申請代行は、コンサルタントと顧客という位付けになり、コンサルタントのほうが高い地位、つまり「先生と生徒」のような関係になります。提案スタイルのコンサルタントというのは、納得できますが、御用聞きスタイルのコンサルタントというのは、あり得ません。顧客より高い地位にならないと、顧客の言いなりとなり、いろいろと振り回され、最悪の場合、不正申請をさせられてしまう可能性もあります。

なお、御用聞きスタイルの「負け組社労士」は、同業の社労士には強気ですが、顧客の前では大人しくなる「負け組＆チキン社労士」が多いように思います。「負け組＆チキン社労士」は、顧客には逆らえないので、不正申請にも加担してしまいます。雇用調整助成金で不正申請をした社労士も、顧客に「不正はダメです」としっかり主張できずに、見て見ぬふりで申請代行をしてしまった「負け組＆チキン社労士」が多かったのではないでしょうか。

一方、「勝ち組社労士」は、顧客に積極的に提案するスタイルです。**産業雇用安定助成金（事業再構築支援コース）**のような新助成金が創設されたり、**業務改善助成金**のように申請内容が緩和されたりしたときに、「勝ち組社労士」は顧客企業の現状を理解しているので、的確に顧客に合う助成金を提案することができます。

的確に顧客向けの助成金を提案すると、主導権を握ることができるようになります。なぜなら、「勝ち組社労士」の提案した助成金を申請することで、資金繰りが改善するため、顧客からすれば、ありがたい存在になれるからです。

主導権を握っている「勝ち組社労士」は、顧客から雇用調整助成金の不正申請を持ちかけられても、一喝して不正申請への加担を防ぐことができます。

また、「勝ち組社労士」は、提案した助成金の申請を見送られたとき、タイミングをみて再度提案するために記録は残しますが、強引に助成金申請をさせるような押し売りは絶対にしません。提案はしても、最終的に申請するか、しないかの判断は顧客に委ねます。なぜかというと、社労士が押し売りした助成金申請が難航したとき、そもそも顧客が助成金の申請条件のクリアに前向きではないため、不正をしないと申請できない状況になったり、結果を出そうと躍起になったりしてしまうからです。

「勝ち組社労士」は、顧客にタイムリーに情報提供し、顧客に申請するかの選択をさせます。

キーワード６　携帯電話

顧問先の社長と打合せをしている最中に社長の携帯電話（スマホ）が鳴り、電話に出ている間、打合せが中断になることがあります。社長の都合もあるので、打合せ中でも電話に出るのは、やむを得ないと思います。しかし、相手が同業の社労士だった場合、電話対応で打合せが中断されると不快に感じる人が多いのではないでしょうか。だいたい戻ってくると「顧客からの電話ですみませんでした」と言うのですが、打合せが終わってから電話すれば良いだけのことです。また、セミナーの最中でも、同様に中座して電話対応をする社労士がいますが、非常に不快に感じます。

著者の経験上、社労士の業務において、顧客からの電話にいちいち対応しなくてはならない緊急事態は10年に１度ぐらいしかありません。

ところが、このような対応をする「負け組社労士」には、電話がかかってきたらすぐに出ないと顧問契約が切られるという強迫観念があるため、電話に出ない選択肢はないようです。通常、後から折り返しの電話をすれば、顧客との関係にヒビが入ることはないですが、顧客との関係性が希薄なため、電話に出なければと思ってしまいます。これは「負け組社労士」に特有の共通点です。

このように余裕がない「負け組社労士」は、顧客から不正申請を依頼されても断れず、申請が難しいときは、帳簿の改ざんをしてしまうケースが多いです。

反対に、「勝ち組社労士」が打合せ中に電話に出たりすることはありません。また、セミナーの途中で会場を抜けて電話に出る姿を見たこともありません。着信履歴で誰から電話がきたかわかるため、打合せやセミナーが終わってから対応しています。顧客との関係性の構築ができているので、慌てて電話に出るようなことはせず、どっしりと構えています。

著者の事務所では、全社員に対して、個人の携帯電話の番号を顧客に教えることを禁じています。顧客には、用件があるときは、メールもしくはチャットワークに連絡してもらうようにしています。緊急のときは事務所に電話してもらいますが、電子機器の操作に不慣れな高齢の方を除き、電話がかかってくることはほとんどありません。なお、用件があるときに直接社員の携帯電話で連絡ができないことについて、顧客から苦情が入ったことは、過去に一度もありません。

キーワード7　面談アポイント

顧客と面談するとき、「負け組社労士」は、顧客の都合に合わせ、指定された日時で行います。これを当然だと思う社労士も、おそらく「勝ち組社労士」ではないでしょう。なぜなら、「勝ち組社労士」は自分の都合が良い日時で面談のアポイントを取るからです。そもそも顧客の都合が良い日時にアポイントを取ることをサービスだと考えるのは、間違っていると認識してください。

たかがアポでと思うかもしれませんが、積み重ねると、決定権を顧客に渡すことが当たり前となり、顧客の指示通りに動くロボットになっていきます。そうなると、助成金申請の場面でも、無理な要求を断れなくなっているのです。

逆に、いつも自分の都合に合わせて面談のアポを取っている「勝ち組社労士」は、顧客の無理な要求に「これは不正申請になるので、できません」とはっきり言うことができます。「勝ち組社労士」は、選択肢を提示する権利を決して顧客に握らせません。

些細な事ですが、この行動や態度が次第に「顧客よりも社労士の立場が上」という意識になり、医者の指示に従う患者のように、社労士の指示に従う顧客となります。

キーワード８　報酬の受取り方

助成金の不正申請をしてしまう大きな要因となっているのが、助成金申請代行を引き受ける際に「前金を条件としていること」です。なぜなら、前金を受領すれば、多少の無理があっても何とかして顧客に助成金を支給させようとする心理が働くため、不正申請の誘惑を断ち切ることができなくなるからです。多少の無理とは、本来は助成金を申請できないのに、出勤簿や賃金台帳などの改ざんをして助成金の不正申請をすることを指します。

助成金を提案してから実際に顧客に助成金が支給されるまでには時間がかかるため、資金繰りに余裕がない「負け組社労士」ほど、前金に固執してしまうのです。

また、前金ではなく「顧問契約の締結」を助成金申請代行の条件にしている「負け組社労士」もいますが、これでは、万一助成金が支給されなかったら顧問契約を切られてしまうと考えて、不正申請に走ってしまいやすくなります。

「勝ち組社労士」の場合は、「完全成功報酬制」を採用し、前金をもらったり、顧問契約を条件にしたりしません。そのため、申請できないならできないとはっきり言うことができます。

それでは、なぜ「勝ち組社労士」は、前金や顧問契約を助成金申請の条件にしなくても資金繰りに困らないのかというと、助成金申請代行でのやり取りを通して顧客との関係性を構築し、後に「顧問契約」をしているからです。助成金申請代行を条件にして顧問契約をするのと、助成金申請代行を契約してから顧問契約をするのは、同じようでまったく違います。助成金申請代行を契約してから顧問契約をしたときは、すでに社労士が上、顧客が下という関係性が構築されています。そのため、「不正申請になるなら、助成金は申請できない」とはっきり言うことができるのです。

なお、助成金の申請代行報酬で「完全成功報酬制」というのは、助成金が事業主に支給されたら、顧客に報酬を請求するということであって、助成金の支給を約束するものではありません。

一方で、社労士が前金を受領する場合、通常は代行報酬の一部を前金で受領し、助成金が支給されたら、残りの報酬を受領します。助成金が支給されなかった場合でも、社労士は顧客に前金を返金しません。助成金の支給、不支給に関係なく代行料を受け取れるメリットがあるため、助成金申請代行をする社労士の80％は、前金を請求しています。しかし、申請代行した助成金が顧客に支給されないとき、前金の返金を巡る顧客と社労士間のトラブルになることがほとんどです。

▷コラム：不適切な情報発信

社会保険労務士会によっては、「完全成功報酬制」という文言を事務所のホームページやチラシに記載していると、“社労士の職業倫理”に照らして不適切と考えられる情報発信だとして、控えるように指導されることがあります。

著者は、この“社労士の職業倫理”に社会保険労務士会の忖度があると踏んでいます。問題なく業務ができる「助成金申請代行」の「完全成功報酬制」には厳しい対応する一方で、明らかに問題がある業務にもかかわらず、寛大な対応をされている例があるからです。それは「年末調整」です。

「年末調整」について、社労士が自分のホームページに掲載したり、チラシで宣伝したりしても、社会保険労務士会から咎められることはまったくありません。

しかし、年末調整は、税理士会から「税務に関する業務なので社労士が行うのはおかしい」と指摘されており、社会保険労務士会と税理士会の間で長らくもめていた案件でした。それが平成28年、年末調整は事務の過程において税務判断を必要とするため、税理士の業務であることが確認されました。つまり、社会保険労務士会と税理士会との間で、「年末調整」は税理士の独占業務であり、社労士にはできないと決定されたということです。

そうなると、本来であれば、社労士が引き受ける業務としてホームページなどに「年末調整」の代行を掲載する行為は、“社労士の職業倫理”に照らし不適切と考えられる情報発信です。しかし、どこの社会保険労務士会も黙認し、注意すらしません。恐らくこの差は、「年末調整」の業務は代行しているが、「助成金申請代行」の業務は代行していない「特定の社労士」に対して、社会保険労務士会が忖度をしているということでしょう。

今後、助成金申請代行をする社労士が、社会保険労務士会の役員を多数占めるようになれば別ですが、助成金申請代行をしている社労士は、多忙で社会保険労務士会の役員をしている暇はありません。したがって、助成金申請代行について、いろいろと制約をかけられる社会保険労務士会の体制は、今後も変わらないでしょう。意欲があり、これから助成金業務で成長しようとしている若手の社労士の芽を摘むようなことをしている社会保険労務士会が多いのが残念です。

ちなみに、「社会保険料の削減」という文言も不適切な情報発信とされていますが、これは誰もが納得できることなので、文言の使用が制限されるのは当然のことです。

キーワード９　資金繰り

「負け組社労士」は、自分の売上を増やすような提案ができず、申請代行料を安く設定してしまいます。例えば、助成金申請代行であれば、助成金額の30％を代行報酬として請求すれば儲かるのに、経営が厳しい顧客の取り分が多いほうが良いだろうと15％を代行報酬として請求してしまいます。

代行報酬率を15％にすることで顧客が喜ぶなら良いですが、助成金申請に失敗したとき、再び代行を依頼されることはないでしょう。顧客は、高い報酬のサービスは良く、安い報酬のサービスは悪いと考える傾向があります。つまり、多少支払う報酬が高くなっても、確実に受給させてくれる社労士を探して乗り換えようとするのです。

ここで、１名につき40万円支給がされる**キャリアアップ助成金（正社員化コース）**において、助成金の代行報酬額を試算してみましょう。代行報酬率は15％と30％で比較してみます。

▷例：15％と30％に設定したときの代行報酬額の違い [図表７－１]

助成金額	代行報酬率	顧客手取額	代行報酬額	100人の場合
40万円	15%	340,000円	60,000円	6,000,000円
	30%	280,000円	120,000円	12,000,000円

（税抜）

顧客の手取り額は、当然15％のほうが多いですが、30％でも28万円になるので、顧客は満足します。

一方、社労士の代行報酬は、同じ事務負担で60,000円と120,000円です。代行報酬が30％のほうが２倍なので、差は歴然とします。一度、30％（120,000円）で代行報酬を受領したら、15％（60,000円）に戻る気はなくなります。１人で比較してもピンとこないなら、100人の助成金を申請したときの代行報酬の差額を見てみましょう。600万円と1,200万円ですから、代行報酬率30％で申請することの大きさが理解できます。

「負け組社労士」は、元からお金がないので、報酬額を見て腰が引けてしまい、やはり安い報酬を請求するケースがあります。そういうタイプの方は、開業社労士としての資質がないかもしれません。助成金申請ができる社労士なら、中堅企業の人事部や総務部で採用される可能性が高いですから、早期に社労士は廃業して勤務社労士になることをおすすめします。

「勝ち組社労士」は自分の仕事の質に自信を持っているので、利益が残る妥当な額を請求しています。

そもそも「負け組社労士」は、顧客の資金繰りを心配する前に自分の資金繰りを心配したほうが良いでしょう。30%の代行報酬を支払ったことで倒産する企業はありませんが、代行報酬を15%に設定して廃業する開業社労士はいるからです。

安い代行報酬を請求する「負け組社労士」は、助成金申請代行の契約が増えてくると、業務が増えて忙しいのに社員を雇用する余裕がない状態に陥ります。その結果、顧客に指導する時間がなくなり、最後は事業主が知らないところで出勤簿などの帳票類を捏造し、何とか助成金を申請できるように帳尻を合わせる不正申請をしてしまいます。

「勝ち組社労士」は、30%の代行報酬で専用事務所を借りて社員も雇用できるので、時間に余裕が生まれます。顧客へ指導する時間も十分に取れるため、不正申請をすることはまずありません。

キーワード10　行動思考

ここまで「負け組社労士」について解説してきましたが、当然、社労士以外にも「負け組」の定義に該当する士業はいます。こうした他の負け組士業が集まって「ワンストップで相談ができます」などと謳うような組織に参加することを「負け士業と群れる」と表現することにします。

残念ながら、「社労士、弁護士、税理士、司法書士、行政書士」の５士業もしくは、「公認会計士、中小企業診断士、弁理士」などを加えた士業が集まる組織であっても、うまくいくケースは珍しく、その多くが３年以内に消滅しています。中には、一般社団法人をつくって組織化したものの、結局成果がないまま、１人去り、また１人去り、最終的には解体した例もありました。

もともと仲の良かった友だちの士業たち、で止めておけばよかったのですが、ビジネスを共同で行うことにより、お金が絡むため仲違いし、分裂し、仲良しから犬猿の仲になってしまうケースは少なくありません。

「負け組社労士」は、楽に顧客獲得をしようとして、こういった組織に参加しがちです。なぜ、このような士業の団体が失敗に終わるのかというと、「負け組」だけが集まった団体である可能性が高いからです。このような団体は「勝ち組」にはなかなかなれません。

例えば、偏差値30の学生を25人集めて1つのクラスにしたとき、1年後に偏差値70の学生が出てくるでしょうか。ただ、人数を増やしただけでは、偏差値30の学生が集まったクラスから偏差値70の学生が誕生することは絶対にありません。これは定員を増やして、偏差値30の学生を100人集めても同じことです。なぜなら、偏差値30の学生がたくさん集まっても化学反応が起こらないからです。

仮に、偏差値30の学生を25人集めて、そのクラスの中に偏差値70の学生を1人入れたら、化学反応を起こして、1年後に偏差値70の学生が誕生する可能性が出てきます。飛び抜けてできる人が入るとダメな組織全体が変わる可能性が出てくるからです。

ただ、それでも変わる可能性が出てくるだけで、必ず変わるとまでは言えません。さらに偏差値70の学生が誕生する可能性を高めるとしたら、学生の偏差値を上げた実績のある教師を担任にすることです。核になってコンサルティングできる教師がいて、目標になる偏差値70の学生が1名いるクラスなら、偏差値30の学生から偏差値70になる学生が誕生する可能性は高まります。

同様に「負け組士業」が5人、10人とたくさん集まっても成果は出ませんが、その中に1人「勝ち組士業」が入れば可能性が出てきます。さらに、そこに顧客を増やすノウハウを持つ理事長が入るなら、「負け組士業」が「勝ち組士業」になる道が見えてきます。

しかし、残念ながら、実際に活動している士業の組織において、このようなストーリーが実現するケースは稀でしょう。

新型コロナウイルス感染症対策で創設された給付金について、税理士や行政書士に紹介された法人や個人事業主から、不正申請を頼まれた社労士がいました。「負け組社労士」が「負け組士業」の中にいると、雇用調整助成金の不正申請も大丈夫ではないかと錯覚しやすくなります。群れると良くないことが多く、数十年前に流行った「赤信号、みんなで渡れば怖くない」状態になって、不正にはまってしまいます。そして、「負け組社労士」は、群れることが好きで、やたら「仲間が大切」と言いますが、そういうことを言っている社労士は、決して「勝ち組社労士」にはなれません。

「勝ち組社労士」は、そのような「負け組」の組織に参加することはありません。自立して、他の社労士や士業と群れるようなことはしません。

例えば、顧客を増やすために個人事業主や法人が集まるとある組織には、社労士などの士業も参加しています。ただ、そこに参加している士業は、実質一人事務所の「負け組士業」たちです。「負け組士業」の団体ですから社員を雇用しているような士業はほとんどいませんし､雇用していたとしても社員10名未満の零細士業です。

このような組織に属している限り先行きはないですが、退会して飛躍した方はたくさんいます。著者もその１人です。「負け組」と一緒にいても、まったく顧客も売上も伸びなかったのですが、群れずに自立したことで「勝ち組社労士」になることができました。

まとめ

社労士にとって、助成金申請の本当のリスクは、社労士のミスにより顧客が助成金を受給できなくなり、顧客からの信頼を失い、同時に報酬を得られなくなることです。決して、自ら助成金の不正申請に加担して、社労士業務ができなくなるリスクではありません。

著者は助成金申請代行業務は、社労士業務の中で顧客から一番感謝される業務だと感じています。特に中小企業にとっては、助成金に取り組むことで、企業内の組織が活性化したり、生産性が上がったりといったメリットに加えて、資金繰りも改善します。したがって、経営者自身のモチベーションも上がっていきます。

これらの理由から当社は、助成金を知らない中小企業に提案し、助成金を申請する顧客を増やしてきました。また、自社の売上を向上させるだけでなく、開業社労士全体の発展を目指し、今後も「助成金講座」や「就業規則講座」を継続的に開催します。

これらを通じて、「勝ち組社労士」を増やし、社労士で開業したらバラ色の世界が待っていると世間から認知され、社労士資格を憧れの対象およびステータスとして位置付けることを目指したいと考えています。

不支給・不正受給を防ぐ！
社労士のための
助成金申請リスクヘッジマニュアル

令和6年4月1日　初版発行

検印省略

日本法令®

〒101－0032
東京都千代田区岩本町1丁目2番19号
https://www.horei.co.jp/

著　者　伊藤泰人
発行者　青木鉱太
編集者　岩倉春光
印刷所　日本ハイコム
製本所　国宝社

（営　業）　TEL　03-6858-6967　　Eメール　syuppan@horei.co.jp
（通　販）　TEL　03-6858-6966　　Eメール　book.order@horei.co.jp
（編　集）　FAX　03-6858-6957　　Eメール　tankoubon@horei.co.jp

（オンラインショップ）　https://www.horei.co.jp/iec/
（お詫びと訂正）　https://www.horei.co.jp/book/owabi.shtml
（書籍の追加情報）　https://www.horei.co.jp/book/osirasebook.shtml

※万一、本書の内容に誤記等が判明した場合には、上記「お詫びと訂正」に最新情報を掲載しております。ホームページに掲載されていない内容につきましては、FAXまたはEメールで編集までお問合せください。

ISBN 978－4－539－73020－1